가나다 Korean for Chinese

轻松学韩语（初级2）
练习册

가나다 韩国语补习班　编著

版权登记号：01-2006-2835

图书在版编目（CIP）数据

轻松学韩语（初级2）练习册/가나다韩国语补习班编著. —北京：北京大学出版社，2007.1

ISBN 978-7-301-11521-3

Ⅰ.轻… Ⅱ.가… Ⅲ.朝鲜语-习题 Ⅳ.H55

中国版本图书馆CIP数据核字（2007）第000051号

本书获得韩国LANGUAGE PLUS授权在中华人民共和国境内（不包括香港、澳门特别行政区及台湾地区）出版发行

가나다 한국어 학원
☎ 02-332-6003/Fax 02-332-6004
http://www.ganadakorean.com
ganada@ganadakorean.com

GANADA KOREAN LANGUAGE INSTITUTE is the first Korean Language Institute in Korea since 1991, to be the only qualified, private school dedicated exclusively to Korean language education.
<가나다 KOREAN>was created by GKLI's staffs.

书　　　　名：	轻松学韩语（初级2）练习册
著作责任者：	가나다　韩国语补习班　编著
中文翻译：	张进凯
责任编辑：	张进凯
标准书号：	ISBN 978-7-301-11521-3/H·1726
出版发行：	北京大学出版社
地　　　　址：	北京市海淀区成府路205号　100871
网　　　　址：	http://www.pup.cn
电　　　　话：	邮购部 62752015　发行部 62750672　编辑部 62753334
	出版部 62754962
电子信箱：	zpup@pup.pku.edu.cn
印　　刷　　者：	北京大学印刷厂
经　　销　　者：	新华书店
	787毫米×1092毫米　16开本　9.25印张　222千字
	2007年1月第1版　2015年4月第6次印刷
定　　　　价：	18.00元

未经许可，不得以任何方式复制或抄袭本书之部分或全部内容。
版权所有，侵权必究
举报电话：010-62752024　　电子信箱：fd@pup.pku.edu.cn

PREFACE

<가나다 KOREAN>으로 한국어를 공부하는 분들의 한국어 학습을 돕기 위해 <가나다 KOREAN 워크북>을 출판하게 되었습니다.

<가나다 KOREAN>은 교사와 같이 또는 학생 혼자서 CD를 들으면서 공부할 수 있도록 만든 교과서입니다. <가나다 KOREAN>에서 배운 것을 좀더 보충하고 학생 스스로 확인할 수 있는 교재가 바로 <가나다 KOREAN 워크북>입니다. 교과서에서 공부한 내용을 워크북으로 연습함으로써 부족한 부분을 보완해 나갈 수 있을 것입니다. 특히 쓰기나 문법 능력이 떨어지는 분들은 워크북으로 충실히 연습하면 도움이 되리라 생각됩니다.

워크북은 자칫하면 지루해질 수 있기 때문에 그림을 많이 이용하였고, 초급에서는 그림만 보고도 쉽게 문장을 만들 수 있도록 했습니다. 문장 연결하기, 틀린 것 고치기, 조사 연습, 부사 연습 등 다양한 문제를 통하여 배운 내용을 충분히 확인할 수 있을 것입니다. 혼자 공부하는 학생은 뒤에 실린 해답을 보고 스스로 체크할 수 있습니다. 각 과의 연습과 함께 다섯 과가 끝날 때마다 복습 문제가 있어서 다섯 과의 문법을 종합하여 검토해 볼 수 있습니다.

이 워크북을 통하여 여러분들의 한국어 공부에 조금이나마 도움이 되기를 바랍니다. 저희 가나다한국어학원 교재 연구부는 앞으로도 계속하여 한국어 교재 개발과 교수법 개발에 힘쓸 것을 약속드립니다. <가나다 KOREAN>을 사랑해 주신 많은 분들께 감사드리며, 한국어 교재 개발에 뜻을 같이 하시고 <가나다 KOREAN 워크북>을 출판할 수 있도록 도와주신 랭기지플러스에도 감사를 드립니다.

2006년 1월
가나다 한국어학원 교재 연구부

차례

제 01 과	~(으)면	8
	~(으)ㄹ 수 있다(없다)	
제 02 과	무슨 ~	12
	(제가) ~(으)ㄹ까요?	
	~(으)세요. / ~지 마세요.	
제 03 과	~지 못합니다 / 못~(스)ㅂ니다	16
	~(으)려고	
제 04 과	~아 / 어 / 여서	18
제 05 과	~고 싶다	21
	'ㅂ' 불규칙 형용사	
	~(으)ㄴ (형용사 관형형)	
복습	(제 01 과 - 제 05 과)	26
제 06 과	~군요. / ~는군요.	28
	~고	
	~는 (동사 관형형)	
제 07 과	~(으)니까	32
	~(으)ㄴ (동사 관형형)	
제 08 과	~겠군요.	34
	~(으)ㄹ (동사 관형형)	
제 09 과	~아 / 어 / 여서	37
	~(으)로	
	~는 것	
제 10 과	~고 있다	40
	~(으)면서	
	~아 / 어 / 여 보다	
복습	(제 06 과 - 제 10 과)	43

제 11 과	~(으)ㄴ 일이 있다(없다)	46
	~아 / 어 / 여 본 일이 있다(없다)	
	~(으)ㄴ / 는데	
제 12 과	~지요?	50
	~(으)ㄴ / 는데	
제 13 과	~(으)ㄴ / 는데	52
	~아 / 어 / 여야 해요	
제 14 과	어떤 ~	55
	~아 / 어 / 여하다	
	~(으)ㄴ / 는데	
제 15 과	~ 때	59
	~보다	
	~(으)ㄹ 것 같다	
복습	(제 11 과 - 제 15 과)	63
제 16 과	'ㅎ' 불규칙 형용사	66
	~아 / 어 / 여지다	
제 17 과	~ 동안 / ~는 동안	69
	~(으)ㄹ 거예요.	
	~기 시작하다	
제 18 과	~아 / 어 / 여 주다	72
제 19 과	~아 / 어 / 여 주다	74
	~아 / 어 / 여 가다(오다)	
제 20 과	~밖에	76
	~(으)ㄴ / 는데요.	
복습	(제 16 과 - 제 20 과)	78
제 21 과	~(으)로	80
	~(으)ㄹ까요?	
	~아 / 어 / 여도 됩니까?	

차례

제 22 과	'르' 불규칙 동사·형용사	84
	~씩	
	~에	
	~짜리	
제 23 과	~(이)라서	87
	~(으)ㄴ/는 것 같다	
	~(이)나	
제 24 과	~(으)ㄹ 생각이다	90
	~(으)니까	
제 25 과	~ 만에	94
	~(으)ㄹ 거예요.	
	~았/었/였으면 좋겠어요.	
	~(으)면 안 되다	
복습	(제 21 과 - 제 25 과)	100
제 26 과	~ 번째	102
	~(으)ㄹ 때	
제 27 과	~아/어/여도	105
	~만	
제 28 과	~는 데(돈이 들다/시간이 걸리다)	108
	~(으)로	
	~(이)나	
제 29 과	~게	112
	~(으)ㄹ 테니까	
제 30 과	~(으)ㄴ/는/(으)ㄹ 거예요.	115
	~(으)ㄴ 지	
복습	(제 26 과 - 제 30 과)	118
해답 (参考答案)		

제01~30과

第01~30课

제 01 과

-(으)면
-(으)ㄹ 수 있다(없다)

-(으)면

1 <보기>와 같이 두 문장을 연결하십시오. (照例子，联结两个句子)

> 보기
> 주말에 시간이 있습니다. 친구와 같이 시장에 가려고 합니다.
> ▶ <u>주말에 시간이 있으면 친구와 같이 시장에 가려고 합니다.</u>

1. 천만 원이 있습니다. 자동차를 사겠습니다.
   ▶ _____

2. 내일 비가 오지 않습니다. 다 같이 공원에 갑시다.
   ▶ _____

3. 시간이 없습니다. 이 일을 하지 마십시오.
   ▶ _____

4. 바쁘지 않습니다. 저와 같이 남대문 시장에 가시겠어요?
   ▶ _____

5. 지금 출발합니다. 부산에 3시간 후에 도착합니다.
   ▶ _____

6. 학교를 졸업합니다. 무엇을 하려고 합니까?
   ▶ _____

7. 지금 집에 갑니다. 누가 있어요?
   ▶ _____

② 그림을 보고 <보기>와 같이 대화를 완성하십시오. (看图片，照例子完成下列对话)

보기
가 : 기분이 나쁘면 저는 말을 하지않습니다.
나 : <u>저는 기분이 나쁘면 잡니다.</u>

1. 가 : 술을 마시면 저는 말을 많이 합니다.
   나 : _____.

2. 가 : 밤에 잠이 오지 않으면 저는 책을 읽습니다.
   나 : _____.

3. 가 : 비행기를 타면 저는 잡지를 봅니다.
   나 : _____.

4. 가 : 우리 집에 손님이 오시면 저는 불고기를 만듭니다.
   나 : _____.

5. 가 : 우리 집에 전화가 오면 보통 제 딸이 받습니다.
   나 : _____.

-(으)ㄹ 수 있다(없다)

3 그림을 보고 <보기>와 같이 문장을 만드십시오. (看图照例子造句)

보기
수영할 수 있습니다. 수영할 수 없습니다.

1. _____
2. _____
3. _____
4. _____
5. _____
6. _____
7. _____

4 대답을 쓰십시오. (回答下列问题)

1. 가 : 한국 노래를 부를 수 있습니까?
   나 : 네, _____

2. 가 : 아침에 일찍 일어날 수 있습니까?
   나 : 네, _____

3. 가 : 네 살 아이가 혼자 옷을 입을 수 있습니까?
   나 : 네, _____

4. 가 : 갈비 3인분을 먹을 수 있습니까?
   나 : 아니요, _____

5. 가 : 이 가방(15kg)을 들 수 있습니까?
   나 : 네, _____

6. 가 : 내일 저녁에 우리 집에 올 수 있습니까?
   나 : 아니요, _____

7. 가 : 만 원이 있습니다. 시장에서 무엇을 살 수 있습니까?
   나 : _____

제02과

무슨~
(제가) ~(으)ㄹ까요?
~(으)세요. / ~지 마세요.

무슨 ~

1 <보기>와 같이 질문을 만드십시오. (照例子造句)

> 보기
> 가 : <u>오늘이 무슨 요일입니까?</u>
> 나 : 목요일입니다.

1. 가 : _____
   나 : 농구와 야구를 좋아합니다.

2. 가 : _____
   나 : 바지와 티셔츠를 입었습니다.

3. 가 : _____
   나 : 잡채와 불고기를 만들려고 합니다.

4. 가 : _____
   나 : 그분은 번역 일을 합니다.

5. 가 : _____
   나 : 수요일과 토요일에 학원에 가지 않습니다.

6. 가 : _____
   나 : 저는 다큐멘터리를 자주 봅니다.

7. 가 : _____
   나 : 노래방에 가면 팝송을 잘 부릅니다.

(제가) ~(으)ㄹ까요?

2 그림을 보고 <보기>와 같이 대화를 만드십시오. (看图照例子写对话)

보기
가: 노래를 부를까요?
나: 네, 노래를 부르세요. / 아니요, 노래를 부르지 마세요.

1. 가: _____
   나: _____

2. 가: _____
   나: _____

3. 가: _____
   나: _____

4. 가: _____
   나: _____

5. 가: _____
   나: _____

~(으)세요. / ~지 마세요.

3 대화를 완성하십시오. (完成下列对话)

1. 가 : 내일 몇 시에 올까요?

   나 : _____

2. 가 : 이 물건을 어디에 놓을까요?

   나 : _____

3. 가 : 내일 무슨 옷을 입을까요?

   나 : _____

4. 가 : _____?

   나 : 오후 3시쯤 전화하세요.

5. 가 : _____?

   나 : 선생님한테 물어보세요.

6. 가 : _____?

   나 : 수요일에 오세요.

4 그림을 보고 <보기>와 같이 문장을 만드십시오. (看图照例子造句)

보기
여기에서 담배를 피우지 마십시오.

 1. _____

 2. _____

 3. _____

 4. _____

 5. _____

제 03 과

~지 못합니다 / 못~(스)ㅂ니다
~(으)려고

~지 못합니다 / 못~(스)ㅂ니다

1 <보기>와 같이 대답을 쓰십시오. (照例子回答下列问题)

> 보기
> 가 : 한국 음식을 잘 먹습니까?
> 나 : 아니요, <u>한국 음식을 잘 먹지 못합니다.</u>
>   <u>한국 음식을 잘 못 먹습니다.</u>

1. 가 : 운동을 잘합니까?
   나 : 아니요, _____

2. 가 : 술을 마십니까?
   나 : 아니요, _____

3. 가 : 내일 제 생일 파티에 올 수 있습니까?
   나 : 아니요, _____

4. 가 : 어제 편지를 썼습니까?
   나 : 아니요, _____

5. 가 : 비행기표를 사셨어요?
   나 : 아니요, _____

6. 가 : 그 책을 다 읽었습니까?

　　나 : 아니요, _____

　　　　　　　　_____

~(으)려고

2 그림을 보고 <보기>와 같이 문장을 완성하십시오. (看图照例子完成句子)

보기
비빔밥을 만들려고 <u>야채와 계란을 샀어요.</u>
비빔밥을 만들려고 <u>요리책을 봤어요.</u>

1. 한국말을 배우려고 _____
　　한국말을 공부하려고 _____

2. 유럽 여행을 가려고 _____
　　유럽 여행을 가려고 _____

3. _____ 한국말을 배웁니다.
　　_____ 한국말을 배웁니다.

4. _____ 아침에 일찍 일어납니다.
　　_____ 아침에 일찍 일어납니다.

5. _____ 돼지고기를 샀어요.
　　_____ 돼지고기를 샀어요.

제04과 ~아/어/여서

~아/어/여서

1 <보기>와 같이 두 문장을 연결하십시오. (照例子，联结两个句子)

보기
사무실 근처에 식당이 많아요. 좋아요.
▶ 사무실 근처에 식당이 많아서 좋아요.

1. 부산에 친구가 있어요. 만나러 가요.
   ▶ _____

2. 한국 음식을 좋아합니다. 자주 먹어요.
   ▶ _____

3. 어제 많이 걸었어요. 다리가 아파요.
   ▶ _____

4. 여러 번 연습했어요. 잘할 수 있어요.
   ▶ _____

5. 내일은 바쁩니다. 못 갑니까?
   ▶ _____

6. 아침을 먹지 않았어요. 배가 고파요.
   ▶ _____

7. 의자가 큽니다. 두 사람이 같이 앉을 수 있어요.
   ▶ _____

2. 그림을 보고 <보기>와 같이 대답을 쓰십시오. (看图照例子回答下列问题)

질문: 왜 그 식당에 자주 가세요?

보기
<u>음식이 맛있어서</u> 자주 가요.

1. _____ 자주 가요.

2. _____ 자주 가요.

3. _____ 자주 가요.

질문: 어제는 왜 학교에 안 오셨어요?

4. _____ 학교에 못 왔어요.

5. _____ 학교에 못 왔어요.

6. _____ 학교에 못 왔어요.

7. _____ 학교에 못 왔어요.

3 〈보기〉와 같이 대화를 완성하십시오. (照例子完成对话)

> 보기
> 가 : 내일 같이 점심을 먹을 수 있습니까?
> 나 : <u>죄송합니다만 일이 있어서……</u>

1. 가 : 시간이 있으면 오늘 저녁에 우리 집에 오세요.
   나 : 고맙습니다만 _____아/어/여서……

2. 가 : 저와 같이 남대문 시장에 갈 수 있습니까?
   나 : 미안합니다만 _____아/어/여서……

3. 가 : 괜찮으면 같이 맥주 마시러 갈까요?
   나 : _____

4. 가 : 제가 이 케이크를 만들었어요. 좀 드시겠어요?
   나 : _____

제05과

- ~고 싶다
- 'ㅂ'불규칙 형용사
- ~(으)ㄴ (형용사 관형형)

~고 싶다

1 그림을 보고 <보기>와 같이 문장을 만드십시오.(看图照例子造句)

(1) 지금 아주 덥습니다. 무엇을 하고 싶어요? 무엇을 하고 싶지 않아요?

보기

　　수영하고 싶어요.

1. _____

2. _____

3. _____

(2) 다시 대학교(또는 고등학교)에 들어가면 무엇을 하고 싶어요?

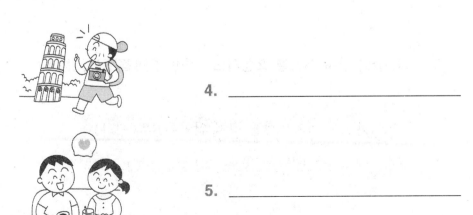

4. _____

5. _____

6. _____

7. _____

'ㅂ' 불규칙 형용사

2 다음 표를 완성하십시오. (完成下面的表格)

	~아/어/여요.	~았/었/였어요.	~(으)면	~(으)ㄴ
덥다	더워요			
쉽다		쉬웠어요		
어렵다			어려우면	
맵다	매워요			
뜨겁다		뜨거웠어요		뜨거운
가깝다			가까우면	
시끄럽다	시끄러워요			
무겁다		무거웠어요		
귀엽다				귀여운
*좁다	좁아요		좁으면	

3 <보기>와 같이 대답을 쓰십시오. (照例子回答下列问题)

보기

가 : 왜 김치찌개를 먹지 않았어요? (맵다)

나 : 너무 매워서 못 먹었어요.

1. 가 : 그 가방을 혼자 들 수 있어요? (무겁다)

   나 : 아니요, _____

2. 가 : 커피를 아직 안 마셨어요? (뜨겁다)

   나 : _____

3. 가 : 라디오 음악을 왜 껐어요? (시끄럽다)

   나 : _____

4. 가 : 그 슈퍼마켓이 싸서 자주 가세요? (집에서 가깝다)

   나 : 아니요, _____

5. 가 : 왜 교과서를 바꿨어요? (너무 쉽다)

   나 : _____

6. 가 : 왜 영화를 끝까지 못 봤어요? (무섭다)

   나 : _____

~(으)ㄴ (형용사 관형형)

4 그림을 보고 <보기>와 같이 쓰십시오. (看图照例子写短语)

보기

　키가 큰 사람　

　키가 작은 사람

1. _____   _____

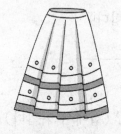 

2. _____   _____

3. _____   _____

4. _____   _____

5. _____   _____

⑤ 형용사 두 개를 골라 문장을 완성하십시오. (选择两个形容词完成下列句子)

> 예쁘다, 귀엽다, 작다, 크다, 넓다, 무겁다, 가볍다, 조용하다,
> 시끄럽다, 어렵다, 쉽다, 가깝다, 멀다, 싸다, 비싸다, 깨끗하다,
> 맵다, 뜨겁다, 달다, 짧다

보기 <u>조용하고 멀지 않은</u> 하숙집이 있습니까?

1. _____고 _____ 식당이 있으면 갑시다.

2. _____고 _____ 옷을 사고 싶어요.

3. _____고 _____ 카메라가 좋지 않아요?

4. _____고 _____ 가방을 샀어요.

5. _____고 _____ 음식을 좋아해요.

복 습 (제01과~제05과)

① 다음 대화의 순서를 맞추어 번호를 쓰십시오.(按正确的对话顺序排列句子)

여자 : 아니요, 그건 아직 못 봤어요. 그걸 봅시다. (   )

여자 : 그 영화를 아직 안 보셨어요? 저는 지난주에 벌써 봤어요. (   )

남자 : 그럼 다음 토요일에 영화를 볼까요? (   )

여자 : 그래요. 그런데 무슨 영화를 볼까요? (   )

남자 : 주말에 같이 영화 보러 갈까요? (①)

남자 : 저는 한국영화 '편지'를 보고 싶어요. (   )

여자 : 가고 싶지만 토요일에 손님이 오셔서... (②)

남자 : 그럼 다른 거 봅시다. '집으로'도 보셨어요? (   )

② 틀린 것을 고치십시오.(改正下列句子中的错误之处)

1. 지금은 먹고 싶으는 음식이 없어요.

2. 한국 음식은 무슨든지 잘 먹어요.

3. 내일은 휴일있어서 학교에 가지 않습니다.

4. 어제는 약속이 있었어서 학교에 오지 못했습니다.

5. 김치가 너무 매워서 먹을 수 못합니다.

6. 학생들이 아직 다 오지 않습니다.

7. 비싸지 않고 깨끗하는 곳이 있어요?

3 알맞은 연결어를 골라 두 문장을 연결하십시오. (用恰当的连词联结句子)

~(으)려고   ~아/어/여서   ~(스)ㅂ니다만   ~(으)면

1. 약속을 지키지 못했습니다. 죄송합니다.
   _____

2. 고맙습니다. 오늘은 갈 수 없습니다.
   _____

3. 비행기표를 예약합니다. 여행사에 전화했어요.
   _____

4. 한잔하고 싶었습니다. 친구와 맥줏집에 갔습니다.
   _____

5. 저녁에 집에 갑니다. 보통 9시쯤 됩니다.
   _____

4 ' -고 싶다 ' 를 알맞은 형태로 바꾸어 <보기>와 같이 연결하십시오.
(照例子用 "-고 싶다" 的正确形式联结句子)

보기

스키 타러 가고 싶어요. 회사일이 바빠서 갈 수 없어요.
▶ 스키 타러 가고 싶지만 회사일이 바빠서 갈 수 없어요.

1. 한국 음식을 먹고 싶어요? 우리 집에 오세요.
   ▶ _____

2. 바다 경치를 보고 싶었어요. 지난 주말에 부산에 갔어요.
   ▶ _____

3. 10년 전에는 결혼하고 싶었습니다. 지금은 결혼하고 싶지 않아요.
   ▶ _____

4. 이 일을 하고 싶지 않아요? 하지 마세요.
   ▶ _____

제06과

- ~군요. /~는군요.
- ~고
- ~는 (동사 관형형)

~군요. /~는군요.

1 맞는 것을 고르십시오. (选择正确的短语完成句子)

1. 이 음식이 정말 (맛있군요, 맛있는군요).
2. 영어를 (잘하시군요, 잘하시는군요).
3. 오늘은 시장에 사람이 많지 (않군요, 않는군요).
4. 운동을 (싫어하시군요, 싫어하시는군요).
5. 매운 것을 잘 (드시군요, 드시는군요).
6. 토요일에는 일하지 (않군요, 않는군요).
7. 아아! 그 분이 그 회사 사장님(이군요, 이는군요).
8. 일찍 (오셨군요, 오셨는군요).

2 그림을 보고 <보기>와 같이 문장을 만드십시오. (看图照例子造句)

보기
방이 아주 넓군요.

1. _____

2. _____

3. _____

4. _____

5. _____

~ 고

3 그림을 보고 <보기>와 같이 문장을 만드십시오. (看图照例子造句)

보기
점심을 먹고 영화를 보았습니다.

1. _____ 았/었/였습니다.

2. _____ (으)세요.

 　　3. _____았/었/였습니다.

 　　4. _____아/어/여요.

 　　5. _____(으)려고 합니다.

 　　6. _____(으)ㄹ까요?

 　　7. _____았/었/였어요.

~는 (동사 관형형)

4 <보기>와 같이 두 문장을 연결하십시오. (照例子联结句子)

> 보기
> 김치는 한국 사람들이 날마다 먹습니다. 음식입니다.
> ▶ <u>김치는 한국 사람들이 날마다 먹는 음식입니다.</u>

1. 그 가게는 제가 자주 갑니다. 가게입니다.
   ▶ _____

2. 아침에 공원에 가면 운동합니다. 사람을 많이 볼 수 있습니다.
   ▶ _____

3. 모릅니다. 것이 있으면 선생님한테 질문하세요.
   ▶ _____

4. 이 탤런트 이름을 압니다. 사람이 있습니까?
   ▶ _____

5. 입지 않습니다. 옷은 어떻게 합니까?
   ▶ _____

6. 그 사람은 잘합니다. 운동이 많습니다.
   ▶ _____

7. 이 근처에 싸고 맛있습니다. 식당이 있습니까?
   ▶ _____

8. 저기서 이야기하고 있습니다. 분이 선생님입니다.
   ▶ _____

9. 지하철역 근처에 있습니다. 다방에서 만납시다.
   ▶ _____

10. 지금 듣습니다. 테이프가 회화 테이프입니다.
    ▶ _____

제 07 과

-(으)니까
-(으)ㄴ (동사 관형형)

-(으)니까

1. <보기>와 같이 두 문장을 연결하십시오. (照例子联结句子)

보기
여기는 사람이 많습니다. / 다른 곳으로 갑시다.
▶ 여기는 사람이 많으니까 다른 곳으로 갑시다.

1. 내일은 9시에 회의가 있습니다. / 8시 50분까지 오세요.
   ▶ _____

2. 저는 술을 못 마십니다. / 맥주 한 병만 시키세요.
   ▶ _____

3. 오늘 보너스를 받았습니다. / 제가 한턱내겠습니다.
   ▶ _____

4. 스파게티는 제가 잘 만듭니다. / 제가 만들겠습니다.
   ▶ _____

5. 오늘은 한 명이 오지 않았습니다. / 여덟 명이군요.
   ▶ _____

2. 대화를 완성하십시오. (完成下列对话)

1. 가 : 지금 나갈까요?
   나 : 지금은 비가 많이 오니까 _____

2. 가 : 음식을 몇 인분 준비하려고 합니까?
   나 : 손님이 일곱 분 오시니까 _____

3. 가 : 내일도 회사에 갑니까?
   나 : 아니요, 내일은 공휴일이니까 _____

4. 가 : 무슨 요일에 놀러 갈까요?

　　나 : _____ 토요일에 갑시다.

5. 가 : 여기에서 인사동에 어떻게 갑니까?

　　나 : _____ 미키 씨한테 물어보세요.

~-(으)ㄴ (동사 관형형)

3 <보기>와 같이 두 문장을 연결하십시오. (照例子联结句子)

> 보기
> 지난번에 보았습니다. 영화가 슬펐습니다.
> ▶ <u>지난번에 본 영화가 슬펐습니다.</u>

1. 일본에서 왔습니다. 학생이 다섯 명 있습니다.
   ▶ _____

2. 어제 점심에 먹었습니다. 음식 이름이 뭐예요?.
   ▶ _____

3. 숙제를 하지 않았습니다. 사람이 없습니다.
   ▶ _____

4. (이건) 제가 만들었습니다. 과자입니다.
   ▶ _____

5. (이건) 작년 제 생일에 친구한테서 받았습니다. 선물입니다.
   ▶ _____

6. 오늘 하지 못했습니다. 일이 있으면 내일 하십시오.
   ▶ _____

7. 어제 친구한테서 들었습니다. 이야기를 하겠습니다.
   ▶ _____

8. 조금 전에 전화를 걸었습니다. 사람이 누구예요?
   ▶ _____

제08과

- 겠군요.
- ~(으)ㄹ (동사 관형형)

~겠군요

① 대답이 맞으면 ○, 틀리면 X를 하십시오.
（下列答语中，对的画 "○" 错的画 "X"）

1. 가 : 오늘 아침에 너무 늦게 일어났어요.
   나 : 회사에 늦었겠군요. (   )
   아침밥을 먹지 못하겠군요. (   )
   바빴겠군요. (   )

2. 가 : 마크 씨는 한국에서 1년 살았습니다.
   나 : 한국말을 잘하겠군요. (   )
   한국에서 1년 살았군요. 몰랐어요. (   )
   한국에서 오래 살았겠군요. (   )

3. 가 : 비빔밥에 고추장을 많이 넣었어요. 드시겠어요?
   나 : 맵겠군요. (   )
   맛있군요. (   )
   저는 못 먹겠군요. (   )

4. 가 : 내일부터 휴가입니다.
   나 : 부럽겠군요. (   )
   좋겠군요. (   )
   놀러 가겠군요. (   )

5. 가 : 제 남동생은 잘 생겼어요.
   나 : 인기가 있군요. (   )
   여자 친구가 많겠군요. (   )
   여자 친구가 많군요. (   )

-(으)ㄹ (동사 관형형)

2 <보기>와 같이 두 문장을 연결하십시오. (照例子联结句子)

> 보기
> 이 사람은 저와 결혼하겠습니다. 사람입니다.
> ▶ 이 사람은 저와 결혼할 사람입니다.

1. 추운 겨울에 입겠습니다. 옷이 없습니다.
   ▶ _____

2. (이것은) 친구에게 주겠습니다. 꽃입니다.
   ▶ _____

3. 내일 수업에 오지 않겠습니다. 사람이 누구입니까?
   ▶ _____

4. 내일 교실에서 듣겠습니다. 테이프가 없습니다.
   ▶ _____

5. 오늘 하겠습니다. 일이 많습니다.
   ▶ _____

6. 다음 달에 가르치겠습니다. 선생님이 최 선생님입니다.
   ▶ _____

7. 선생님에게 하겠습니다. 이야기가 있어요.
   ▶ _____

8. 내일 아침에 먹겠습니다. 빵을 샀습니다.
   ▶ _____

9. 한국말을 배운 후에 한국에서 일하겠습니다. 계획입니다.
   ▶ _____

10. 외국에 있는 친구에게 보내겠습니다. 선물을 샀습니다.
    ▶ _____

관형형 종합 문제

3 다음 이야기를 읽고 <보기>와 같이 동사를 바꾸어 쓰십시오.
（读下面的短文，照例子写出动词的正确形式）

저희 교실에는 여러 나라에서 (왔다) 사람들이 많이 있습니다.

<보기> 온

노래를 (1.잘하다) 사람, 술을 잘 (2.마시다) 사람, (3.재미있다) 이야기를 많이 (4.알다) 사람, 춤을 잘 (5.추다) 사람, 날마다 초콜릿을 (6.먹다) 사람 …… 정말 재미있습니다. 한국 친구가 (7.많다) 사람도 있고 한국 친구가 (8.없다) 사람도 있습니다.

여자친구나 남자친구가 (9.있다) 사람, 가족과 같이 (10.살다) 사람, 그리고 혼자 (11.살다) 사람도 있습니다.

(12.결혼했다) 사람도 있고 (13.결혼하지 않았다) 사람도 있습니다.

이번 학기가 끝나면 대학원에 (14.가겠다) 사람도 있고,

다음 학기에도 계속 한국말을 (15.배우겠다) 사람도 있습니다.

한국말을 배운 후 한국에서 (16.살겠다) 사람도 있고, 자기 나라로 (17.돌아가겠다) 사람도 있습니다.

어제는 제가 (18.만들었다) 샌드위치를 교실에서 사람들과 같이 먹고 이야기를 했습니다.

제09과

- ~아/어/여서
- -(으)로
- ~는 것

~아/어/여서

1 그림을 보고 <보기>와 같이 문장을 완성하십시오. (看图照例子完成下列句子)

보기
과일을 씻어서 먹어요.

1. _____(으)려고 합니다.

2. _____았/었/였습니다.

3. _____겠습니다.

4. _____(으)ㄹ까요?

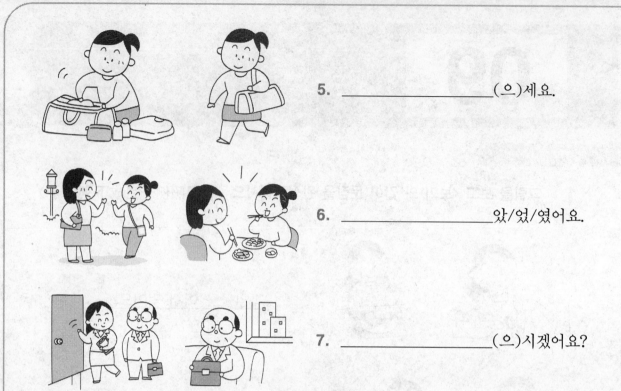

5. _____(으)세요.

6. _____았/었/였어요.

7. _____(으)시겠어요?

② **다음 이야기를 읽고 맞는 것을 고르십시오.**
（读下面的故事，选择括弧中恰当的词语）

어제는 친구들을 (1.만나고, 만나서) 놀았어요.

명동에 있는 스파게티 집에 (2.가고, 가서) 피자와 스파게티를 먹었어요.

스파게티를 (3.먹고, 먹어서) 영화 보러 갔어요.

영화를 보기 전에 음료수를 (4.사고, 사서) (5.마시고, 마셔서) 들어갔어요.

우리는 들어가기 전에 좌석 번호를 (6.보고, 봐서) 들어갔어요.

극장에 (7.들어가고, 들어가서) 우리 자리를 (8.찾고, 찾아서) 앉았어요. 아주 좋은 자리여서 잘 볼 수 있었어요.

영화를 본 후에 노래방에 갔어요. 노래방에 (9.가고, 가서) 노래를 (10.부르고, 불러서) 맥주도 한잔 했습니다.

저는 (11.앉고, 앉아서) 노래를 불렀지만, 제 친구는 (12.서고, 서서) 노래를 불렀습니다.

우리들은 춤도 (13.추고, 추어서) 박수도 쳤습니다.

우리들은 노래방에서 (14.나오고, 나와서) 좀 걸었습니다.

오래간만에 친구들과 아주 즐거운 시간을 보냈습니다.

~(으)로

3 그림을 보고 <보기>와 같이 문장을 완성하십시오.(看图照例子完成下列句子)

보기: <u>손으로</u> 샌드위치를 먹습니다.

1. _____ 밥을 먹습니다.

2. _____ 케이크를 먹습니다.

3. _____ 머리를 자릅니다.

4. _____ 이야기합니다.

5. _____ 연락합니다.

6. _____ 여행갑니다.

7. _____ 글씨를 씁니다.

8. _____ 그림을 그립니다.

제 10 과

- ~고 있다
- ~(으)면서
- ~아/어/여 보다

~고 있다

1 명사와 알맞은 동사를 연결하십시오. （把动词与恰当的名词联结起来）

1. 넥타이 · · 끼다
2. 안경 ·
3. 반지 · · 매다
4. 모자 ·
   · 쓰다
5. 구두 ·
6. 바지 · · 입다
7. 스카프 ·
8. 귀걸이, 목걸이 · · 신다
9. 장갑 ·
   · 차다
10. 우산 ·
11. 양말 · · 하다
12. 가방 ·
13. 시계 · · 메다

2 그림을 보고 설명하십시오. （说明下列图片）

1. _____

2. _____

~(으)면서

3 그림을 보고 <보기>와 같이 문장을 완성하십시오.(看图照例子完成句子)

보기: 춤을 추면서 노래합니다.

1. _____(으)ㅂ시다.

2. _____지 마세요.

3. _____았/었/였어요.

4. _____아/어/여요.

5. _____았/었/였어요.

6. _____는 학생이 많아요.

7. _____았/었/였어요.

~아/어/여 보다

4 <보기>와 같이 바꾸어 쓰십시오. (仿照例子改写下列句子)

> 보기
> 한국에서 기차를 <u>탔어요.</u>
> 타 봤어요.

1. 같이 병원에 <u>갈까요?</u>
2. 그 탤런트를 한번 <u>만나고 싶어요.</u>
3. 과장님 얘기를 한번 <u>들읍시다.</u>
4. 하숙집 아주머니한테 <u>부탁하셨어요?</u>
5. 아직까지 갈비를 <u>먹지 못했어요.</u>
6. 그럼 이 모자를 <u>쓰시겠어요?</u>
7. 이 옷을 <u>입으세요.</u>

5 대화를 완성하십시오. (完成下列对话)

1. 가 : 이 책을 읽어 보셨어요?
   나 : 네, _____

2. 가 : 한국음식을 만들어 보셨어요?
   나 : 아니요, _____

3. 가 : 그 여자와 이야기해 봤어요?
   나 : 아니요, _____

4. 가 : _____
   나 : 네. (조금 후에) 정말 맛있네요.

5. 가 : _____
   나 : 부산에 가 보고 싶어요.

복습 (제06과~제10과)

① **두 문장을 '~고' 또는 '-아/어/여서'로 연결하십시오.**
（用"~고" "~아/어/여서" 联结句子）

1. 과자를 만들었습니다. 선물했습니다.

2. 다음 정류장에서 내리십시오. 오른쪽으로 가세요.

3. 손을 씻으십시오. 식사를 하세요.

4. 예쁜 모자를 썼습니다. 학교에 왔습니다.

5. 사과를 씻었습니다. 먹었습니다.

6. 구두를 벗으십시오. 안으로 들어가세요.

7. 학교를 졸업했습니다. 회사에 들어갔습니다.

8. 2층에 올라가세요. 기다리세요.

9. 어제 친구를 만났습니다. 같이 쇼핑했습니다.

10. 어제 오전에는 친구를 만났습니다. 오후에는 공부를 했습니다.

② **틀린 것을 고치십시오.** （改正下列句子中的错误之处）

1. 어제 마시은 커피가 맛이 아주 좋았습니다.

2. 지난번에 봤는 영화를 또 봤어요?

3. 아이들이 안심하고 놀을 데가 없어요.

4. 요즘 오후에 매일 읽은 책이 무슨 책이에요?

5. 그 학생은 지금 우리 학교에 다니지 않은 학생입니다.

6. 이 노래는 지난번에 들은 노래입니다.

7. 이것은 제 친구가 만든 것입니다.

8. 가까운 하숙집도 있고 가깝지 않는 하숙집도 있습니다.

3 '-네요', '-았/었/였네요', '-겠네요', '-았/었/였겠네요'로 대답을 쓰십시오
(用 "~네요" "~았/었/였네요" "~겠네요" "~았/었/였겠네요" 完成下列对话)

1. 가 : 어제 동창회에서 오래간만에 친구들을 많이 만났어요.
   나 : _____

2. 가 : 한국에 온 후에 한 번도 가족들을 만나지 못했어요.
   나 : _____

3. 가 : 어제 시장에서 이 구두를 15,000원 주고 샀어요.
   나 : _____

4. 가 : 시험에서 말하기 88점, 쓰기 92점 받았어요.
   나 : _____

5. 가 : 제 친구는 한국에서 태권도를 3년 배웠어요.
   나 : _____

6. 가 : 어제 경복궁, 덕수궁, 창덕궁, 종묘에 가서 구경했어요.
   나 : _____

4 다음 이야기를 읽고 두 사람의 대화를 만드십시오.
（读下面的短文，两个人根据短文对话）

야마다 씨와 한지영 씨는 식당에서 음식을 주문하려고 합니다. 한지영 씨가 야마다 씨에게 한턱내려고 합니다.

야마다 씨는 한국 음식점에 처음 왔습니다. 한국 음식을 잘 모릅니다. 야마다 씨는 술과 고기를 아주 좋아하고 매운 음식은 못 먹습니다. 한지영 씨는 술을 잘 못 마시고 매운 음식을 좋아합니다. 메뉴는 아래에 있습니다.

메뉴			
- 식 사 -		- 술, 음료 -	
삼겹살 (1인분)	7,000원		
고추장 삼겹살 (1인분)	7,000원	맥주	4,000원
물냉면	5,500원	소주	3,000원
비빔냉면	5,500원	백세주	7,000원
갈비탕	6,000원	콜라, 사이다	2,000원
육개장	6,000원		

(유형: -고 싶다, -아/어/여 보다, -(으)니까, -(으)ㄹ까요?, -는 것이 어때요?, -(으)ㅂ시다, -겠군요)

제 11 과

~(으)ㄴ 일이 있다(없다)
~아/어/여 본 일이 있다(없다)
~(으)ㄴ/는데

~(으)ㄴ 일이 있다(없다)

① <보기>와 같이 바꾸어 쓰십시오. (照例子改写下列句子)

> **보기**
> 거짓말을 했어요.
> 　　　한 일이 있어요.

1. 피곤해서 하루 종일 <u>잤어요</u>.

2. 시험에서 100점 <u>받았어요</u>.

3. 돈이 없어서 집까지 <u>걸어갔어요</u>.

4. 여기에서 교통사고가 <u>났어요</u>.

5. 여자 친구 생일을 <u>잊어버렸어요</u>.

6. 열쇠가 없어서 집에 <u>못 들어갔어요</u>.

② 대답을 쓰십시오. (回答下列问题)

1. 가 : 회사에서 큰 실수를 한 일이 있어요?
   나 : _____

2. 가 : 늦게 일어나서 학교에 못 간 일이 있어요?
   나 : _____

3. 가 : 여행하면서 길을 잃은 일이 있으세요?

　　나 : _____

4. 가 : 유명한 탤런트나 배우를 본 일이 있어요?

　　나 : _____

5. 가 : 한국에서 지진이 난 일이 있어요?

　　나 : _____

- 아 / 어 / 여 본 일이 있다(없다)

3 그림을 보고 <보기>와 같이 문장을 만드십시오. (看图照例子造句)

보기
남대문 시장에서 물건을 사 본 일이 있습니다.

1. _____

2. _____

3. _____

4. _____

5. _____

6. _____

7. _____

~(으)ㄴ데/는데

④ 맞는 것을 연결하십시오. (두 개씩)
把两句造的句子联结起来（答案不唯一）

1. 제 하숙집은 신촌인데   ① 일본에서도 인기 있었어요.

                                ② 근처에 식당이 많아요.

2. 이건 10년 전에 산 목걸이인데   ③ 숙제가 많아요.

                                ④ 디자인이 예뻐서 자주 해요.

3. 저는 요즘 한국어 학원에 다니는데 ⑤ 오랜만에 하고 왔어요.

                                ⑥ 말하기 연습을 많이 해요.

4. 그 영화는 한국 영화인데   ⑦ 사진도 찍을 수 있어요.

                                ⑧ 작고 가벼워서 좋아요.

5. 이 휴대폰은 어제 산 건데   ⑨ 방도 크고 밥도 맛있어요.

                                ⑩ 너무 슬퍼요.

5. <보기>와 같이 여러분이 갖고 있는 물건, 학교 (또는 회사), 친구(또는 가족)를 소개해 보십시오.
(照例子介绍一个事物或者学校〔公司〕、朋友〔家人〕等)

보기
1. 이 카메라는 전자 상가에서 샀는데 진짜 좋아요.

보기
2. 제 친구는 지금 대학교 4학년인데 내년에 외국으로 유학가요.

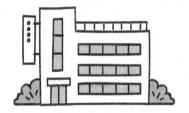

보기
3. 우리 회사는 직원이 35명인데 여자가 15명쯤 있어요.

제 12과 ~지요?
-(으)ㄴ/는데

~지요?

1 <보기>와 같이 바꾸어 쓰십시오. (照例子改写下列句子)

> 보기
> 내일은 수요일이니까 수업이 없어요?
> 없지요?

1. 어제 먹은 음식이 떡국이에요?

2. 주말에는 쉬고 싶으세요?

3. 집이 이 근처가 아닙니까?

4. 가족들도 다 건강하세요?

5. 이 음악을 들어 본 일이 있으세요?

6. 어제 연락 받으셨습니까?

7. 별로 맵지 않아요?

8. 가족들은 서울에 살지 않습니까?

9. 내일 영화 보러 못 가세요?

10. 아직 수업이 끝나지 않았습니까?

-(으)ㄴ/는데

2 그림을 보고 <보기>와 같이 문장을 완성하십시오. (照例子完成下列句子)

보기
심심한데 영화 보러 갈까요?

1. _____(으)ㄴ/는데
   _____(으)ㄹ까요?

2. _____(으)ㄴ/는데
   _____(으)ㄹ까요?

3. _____(으)ㄴ/는데
   _____(으)세요.

4. _____(으)ㄴ/는데
   _____(으)세요.

5. _____(으)ㄴ/는데
   _____(으)세요.

제13과

~(으)ㄴ/는데
~아/어/여야 해요

~(으)ㄴ/는데

1 <보기>와 같이 문장의 앞부분과 뒷부분을 선택해서 문장을 완성하십시오.
（照例子，把合适的两个部分联结成一个句子）

저는 생선을 좋아합니다.	지금 안에 계세요?
(1) 그 드라마가 재미있어요.	몰랐어요?
(2) 이 가방이 무거워요.	무엇을 하려고 하세요?
(3) 이 과자 제가 만들었어요.	왜 안 보세요?
(4) 인사동에서 샀어요.	선생님은 뭘 좋아하세요?
(5) 내일 휴일입니다.	예쁘지요?
(6) 윤 선생님을 만나러 왔습니다.	혼자 들 수 있어요?
(7) 어제가 은주 생일이었어요.	좀 드시겠어요?

보기 저는 생선을 좋아하는데 선생님은 뭘 좋아하세요?

1. _____?

2. _____?

3. _____?

4. _____?

5. _____?

6. _____?

7. _____?

~ 아 / 어 / 여야 해요

2 <보기>와 같이 바꾸어 쓰십시오. (照例子改写句子)

> 보기
> 내일이 시험이니까 오늘은 공부해요.
> 　　　　　　　　　　　　공부해야 해요.

1. 그곳은 버스나 지하철이 없어서 택시를 탑니다.

2. 출발 두 시간 전까지 공항에 도착합니다.

3. 예약하고 싶으면 미리 돈을 냅니다.

4. 1월 1일에 부산에 가려고 하는데 기차표를 언제 사요?

5. 이 불고기가 맛이 없는데 뭘 더 넣어요?

3 대답을 쓰십시오. (用括弧中给出的词语回答下列问题)

1. 가 : 감기가 열흘 동안 계속되는데 어떻게 해야 해요? (병원에 가다)
   나 : _____.

2. 가 : 제 친구는 혼자서 한국말을 공부했지만 잘 못해요. (학원에 다니다)
   나 : _____.

3. 가 : 그 섬에 가고 싶은데 어떻게 가요? (부산에서 배를 타다)
   나 : _____.

4. 가 : 검사 결과를 언제 알 수 있습니까? (1주일쯤 기다리다)
   나 : _____.

5. 가 : 내일 중요한 일이 있어요?
   나 : _____.

6. 가 : 한국에서 운전을 하려고 하는 외국 사람은 어떻게 해야 해요?
   나 : _____.

4. <보기>와 같이 '-아/어/여야 합니다'로 바꾸어 쓰십시오.
(照例子用 "-아/어/여야 합니다" 改写下列句子)

한국어 학원에서
보기 날마다 테이프를 들으면서 따라하기
1. 교실에서 한국말을 쓰기
2. 모르는 것이 있으면 선생님한테 물어보기

보기
날마다 테이프를 들으면서 따라해야 합니다.

1. _____
2. _____

"저는 회사원입니다. 오늘 할 일이 많습니다."
3. 지금 하고 있는 일을 7시까지 끝내기
4. 이메일과 편지 답장을 쓰기
5. 회식 장소를 예약하기

3. _____
4. _____
5. _____

초등학교에서
6. 손을 깨끗이 씻고 밥을 먹기
7. 교실과 복도에서 작은 소리로 말하기
8. 선생님 말씀을 잘 듣기

6. _____
7. _____
8. _____

제 14 과

어떤 ~
~ 아/어/여하다
~ (으)ㄴ/는데

어떤 ~

① '어떤', '무슨', '어느', '몇' 중에서 맞는 것을 쓰십시오.
（把"어떤""무슨""어느""몇"填入下列合适的句子中）

1. 가 : (　　　　) 노래를 알아요?
   나 : '아리랑'을 알아요.

2. 가 : 물냉면하고 비빔냉면 중에서 (　　　　) 것을 좋아해요?
   나 : 저는 비빔냉면을 좋아해요.

3. 가 : (　　　　) 옷을 사려고 해요?
   나 : 봄에 입는 귀여운 디자인의 원피스를 사고 싶어요.

4. 가 : 사진을 (　　　　) 장 찍었어요?
   나 : 스무 장 찍었어요.

5. 가 : 그 학생은 (　　　　) 나라 사람입니까?
   나 : 중국에서 왔어요.

6. 가 : (　　　　) 집에서 살고 싶습니까?
   나 : 마당이 있는 2층집에서 살고 싶어요.

7. 가 : 저는 그렇게 말이 많은 남자는 싫어요.
   나 : 그럼 (　　　　) 남자가 좋아요?

8. 가 : 주말에는 약속이 많아서 시간이 없어요.
   나 : 그럼 (　　　　) 요일에 시간이 있어요?

9. 가 : 맥주 다섯 병은 좀 많아요.
   나 : 그럼 (　　　　) 병 살까요?

10. 가 : 그 사람은 제주 대학교를 졸업하지 않았어요.
    나 : 그럼 (　　　　) 대학교를 졸업했어요?

(형용사)~아/어/여하다

2. 다음 표를 완성하십시오. (完成下面的表格)

좋다	좋아하다	밉다	
싫다		귀엽다	
~고 싶다		즐겁다	
재미있다		예쁘다	예뻐하다
부럽다	부러워하다	슬프다	
반갑다		기쁘다	
고맙다		피곤하다	피곤해하다
부끄럽다		미안하다	

3. 맞는 것을 고르십시오. (选择括号中合适的词语)

우리 집에는 개가 한 마리 있습니다. 친구들이 집에 놀러 오면 우리 개가 아주 (1.반갑습니다 / 반가워합니다). 제 친구 마크는 개를 아주 (2.좋습니다 / 좋아합니다). 우리 개는 커서 별로 (3.귀엽지 / 귀여워하지) 않지만 마크는 우리 개를 (4.예쁩니다 / 예뻐합니다). 그 친구는 (5.예쁜 / 예뻐하는) 개를 가지고 (6.싶습니다 / 싶어합니다). 그 친구는 나를 (7.부럽습니다 / 부러워합니다).

4. 알맞게 바꾸어 쓰십시오. (用所给词语的恰当变位形式填空)

1. 제 친구는 일본에 있는데 한국에 오고 _____ 아/어/여요.
   (싶다)

2. 과장님은 요즘 저녁마다 _____ 네요.
   (피곤하다)

3. 제가 _____ 이야기를 했지만 친구가 별로 _____지 않아요.
   (재미있다)   (재미있다)

4. 사랑하는 사람이 떠나서 _____겠지만, 너무 _____지 마세요.
   (슬프다)   (슬프다)

5. 그 사람도 _____ 사람인데 왜 그렇게 그 사람을 _____세요?
   (좋다)   (밉다)

6. 저는 김치가 _____(으)ㄴ/는데 제 동생은 김치를 _____아/어/여요.
   (좋다)   (싫다)

-(으)ㄴ/는데

5 <보기>와 같이 문장을 완성하십시오. (照例子完成下列句子)

보기
아침을 많이 먹었는데 <u>배가 고파요</u>.

1. 그 식당은 값도 싸고 맛도 좋은데 _____

2. 시험문제가 아주 어려웠는데 _____

3. 여행을 자주 하고 싶은데 _____

4. _____ 한국말을 잘해요.

5. _____ 먹었어요.

6. _____ 잘 모르겠어요.

7. _____ 결혼했어요.

6 알맞은 말을 골라 문장을 완성하십시오.（选择恰当的词语完成句子）

> 배가 고프다   배가 부르다   배가 아프다

1. _____(으)ㄴ/는데 집에 약이 있습니까?

2. _____(으)ㄴ/는데 먹을 것이 없습니다.

3. _____(으)ㄴ/는데 그만 시키세요.

> 비가 오다   춥다   날씨가 좋다

4. _____(으)ㄴ/는데 우산을 가지고 가세요.

5. _____(으)ㄴ/는데 우산을 가지고 왔어요.

6. _____(으)ㄴ/는데 감기는 괜찮아요?

> 지금 보다   어제 봤다   내일 볼 계획이다

7. _____(으)ㄴ/는데 또 보고 싶어요.

8. _____(으)ㄴ/는데 같이 가시겠어요?

9. _____(으)ㄴ/는데 참 재미있네요.

제 15 과

- ~ 때
- ~ 보다
- ~(으)ㄹ 것 같다

~ 때

1 <보기>와 같이 대답을 쓰십시오. (照例子回答下列问题)

> 보기
> 가 : 언제 한국에 처음 와 보았습니까? (고등학교 1학년)
> 나 : <u>고등학교 1학년 때 처음 와 보았습니다.</u>

1. 가 : 언제 과장님께 그 이야기를 했어요? (어제 회의)
   나 : _____.

2. 가 : 언제 다시 한국에 올 예정입니까? (다음 휴가)
   나 : _____.

3. 가 : 해마다 배낭여행을 갑니까? (방학 ~마다)
   나 : _____.

4. 가 : 빵을 언제 먹으려고 샀어요? (점심)
   나 : _____.

5. 가 : 서울에서 태어나셨어요? (아니요, 다섯 살)
   나 : _____.

6. 가 : 언제 고향에 가셨어요? (작년 크리스마스)
   나 : _____.

7. 가 : 스키를 잘 타시는군요. 언제 배우셨어요? (대학교)
   나 : _____.

~ 보다

2 <보기>와 같이 문장을 만드십시오. (照例子造句)

> 보기
> 말하기 / 듣기
> 말하기가 듣기보다 더 쉬워요.

1. 치마 / 바지
   _____

2. 남대문 시장 / 동대문 시장
   _____

3. 축구 / 야구
   _____

4. 평일 / 주말
   _____

5. 자유여행 / 패키지여행
   _____

6. 집에서 먹는 것 / 밖에서 먹는 것
   _____

7. 기차로 가는 것 / 버스로 가는 것
   _____

8. 하숙에서 사는 것 / 원룸에서 사는 것
   _____

~(으)ㄹ 것 같다

3 그림을 보고 <보기>와 같이 문장을 만드십시오. (看图片照例子造句)

보기: 서울 팀이 이길 것 같습니다.

1. _____

2. _____

3. _____

4. _____

5. _____

4. '-(으)ㄹ 것 같다'를 사용해서 <보기>와 같이 대화를 완성하십시오.
(照例子用 "-(으)ㄹ 것 같다" 完成对话)

보기

가 : 버스를 타지 않고 왜 택시를 타셨어요? (늦다)

나 : <u>늦을 것 같아서 택시를 탔어요.</u>

1. 가 : 왜 야채를 조금만 넣었어요? (손님들이 싫어하다)

   나 : _____아/어/여서 _____.

2. 가 : 그 가수의 콘서트에 왜 안 갔어요? (사람이 많다)

   나 : _____아/어/여서 _____.

3. 가 : 어제 왜 우리 집에 안 왔어요? (집에 안 계시다)

   나 : _____아/어/여서 _____.

4. 가 : 시험 공부 많이 했어요? (시험이 쉽다)

   나 : 아니요, _____아/어/여서 _____.

5. 가 : 뭘 시킬까요? (해물탕이 맛있다)

   나 : _____(으)ㄴ데 _____.

6. 가 : 무슨 영화를 보러 갈까요? (어제 텔레비전에서 광고한 영화가 재미있다)

   나 : _____(으)ㄴ데 _____.

복습 (제11과~제15과)

1. 알맞은 부사를 고르십시오. (한 개 또는 두 개)(选择恰当的副词)

1. 우리 회사에는 사원이 (같이, 모두) 25명 있습니다.
2. 주말에는 가족들과 (같이, 모두, 보통) 지냈습니다.
3. 한 시간 전부터 했지만 (늦게, 아직, 천천히) 끝내지 못했습니다.
4. 저는 오늘 아침에 (일찍, 아직, 벌써) 일어났습니다.
5. 지금 오후 5시인데 (벌써, 미리, 천천히) 저녁 식사를 해요?
6. 제 친구는 매운 음식도 (참, 잘, 별로, 아주) 먹습니다.
7. 그 백화점에는 사람이 (별로, 잘, 거의) 많지 않았습니다.
8. 우리 형은 여행을 (잘, 아주, 참, 별로) 좋아합니다.
9. 점심에는 (보통, 자주, 참) 비빔밥을 먹어요.
10. 연희 씨 (먼저, 아까, 일찍) 가세요. 저는 조금 (후에, 이따가, 잠깐만) 가겠어요.

2. 틀린 것을 고치십시오. (改正下列句子中的错误之处)

1. 내일부터 방학이니까 좋은 계획이 있습니까?

2. 세계 중에서 어느 나라가 제일 큽니까?

3. 한국말을 배우고 싶은데 한국에 왔어요.

4. 저는 무서운 영화가 싫어해요.

5. 두 개에서 좋은 것을 하나 가져가세요.

6. 저는 매운 음식을 아주 좋아요.

7. 제 친구는 태권도를 배우고 싶어요.

8. 그 분은 제 선배있는데 이 근처에 있는 회사에 다녀요.

3. <보기>와 같이 문장을 만드십시오. (照例子造句)

서울의 구 이름	인구
종로구	181,441명
중구	138,798명
노원구	633,934명
마포구	383,629명

보기

서울에서 노원구가 인구가 제일 많아요.
종로구가 중구보다 인구가 더 많아요.

과일	비타민 C
레몬 100g	53mg
키위 100g	100mg
감 100g	50mg
사과 100g	8mg

1. (키위)
_____

(감, 사과)
_____

산	높이
한라산	1950m
북한산	836m
설악산	1708m
지리산	1915m

2. (한라산)
_____

(설악산, 지리산)
_____

음식	칼로리
비빔밥 1그릇	535kcal
햄버거 1개	621kcal
자장면 1그릇	674kcal
라면 1개	500kcal
치즈 스파게티 1인분	585kcal

3. (자장면)
_____

(햄버거, 비빔밥)
_____

4 그림을 보고 대화를 완성하십시오.（看图完成下列对话）

이상우 : 안녕하세요? 저는 9층에 사는 사람인데 처음 뵙겠습니다.

야마다 : 네, 안녕하세요? 저는 10층에 사는데

1. _____

이상우 : 아, 일본에서 오셨어요? 외국인인데 2. _____

야마다 : 아니에요. 잘 못해요. 학원에서 한국말을 배우고 있는데

3. _____

이상우 : 저는 주말에 보통 등산을 가는데 4. _____?

야마다 : 주말에는 집에서 쉬거나 공원에서 산책합니다.

이상우 : 이번 주말에 북한산에 가려고 하는데 5. _____?

야마다 : 좋아요.

야마다 : 오늘 아주 추운 날인데 여기에는 6. _____

이상우 : 네, 겨울에도 북한산에는 사람이 많습니다.

위로 올라가면 경치가 좋은데 빨리 7. _____

야마다 : 그래요? 저는 벌써 배가 고픈데 8. _____?

이상우 : 두 시간쯤 후에 먹는 게 어때요? 이 근처는 두부 음식점이 유명한데

9. _____?

야마다 : 저도 두부 좋아해요.

제 16과   'ㅎ' 불규칙 형용사
~아/어/여지다

'ㅎ' 불규칙형용사

1 다음 표를 완성하십시오. (完成下面的表格)

	~습니다	-아/어/여요	-았/었/였어요	~(으)ㄴ	~(으)니까	-아/어/여서
파랗다	파랗습니다		파랬어요		파라니까	
빨갛다		빨개요		빨간		빨개서
까맣다	까맣습니다		까맸어요		까마니까	
노랗다		노래요		노란		노래서
그렇다	그렇습니다		그랬어요		그러니까	
*많다		많아요		많은		많아서
*좋다	좋습니다		좋았어요		좋으니까	

2 'ㅎ' 불규칙 형용사를 사용해서 문장을 완성하십시오.
(用带"ㅎ"的形容词不规则变位形式完成下列句子)

1. 김치 색이 정말 _____군요. 색이 너무 _____ 매울 것 같아요.

2. 서양 사람들 중에는 눈동자가 _____ 사람이 있지만 동양 사람들은 보통 눈동자가 _____.

3. 지나 씨는 얼굴이 _____ 몸이 약할 것 같아요.

4. _____ 구두를 신고, _____ 코트를 입고, _____ 모자를 쓰고 _____ 가방을 든 사람. _____ 사람을 보셨어요?

5. 귤을 많이 먹으면 손이 _____아/어/여지고, _____ 사탕을 먹으면 혀가 _____아/어/여져요.

6. 그 집은 전부 _____. 가구도 _____고, 싱크대도 _____ 색이에요. 벽도, 문도 모두 _____ 아주 깨끗한 분위기입니다.

~아/어/여지다

3 <보기>와 같이 바꾸어 쓰십시오. (照例子改写下列句子)

> 보기
> 발음이 나빴는데 연습을 많이 해서 <u>좋아요</u>.
> 좋아졌어요

1. 인삼을 먹으면 정말로 <u>건강해요</u>?

2. 유미 씨가 전보다 요즘 아주 <u>예뻐요</u>.

3. 어떻게 하면 미키 씨와 <u>친할</u> 수 있어요?

4. 3개월 전부터 아침마다 운동했는데 <u>날씬하지 않았죠</u>?

5. 1년 중 3월이 지나면 낮이 밤보다 점점 <u>길어요</u>.

6. 지난주보다 많이 <u>춥네요</u>.

7. 옛날에 그 사람이 좋았는데 지금은 <u>싫어요</u>.

④ 두 개의 그림을 보고 달라진 것을 쓰십시오.
(比较两幅图片，写出二者的不同)

보기

사람이 적었는데 많아졌습니다.

1. _____

2. _____

3. _____

4. _____

5. _____

6. _____

7. _____

제 17 과

- ~ 동안 / ~는 동안
- ~(으)ㄹ 거예요
- ~기 시작하다

~ 동안 / ~는 동안

1 대답을 쓰십시오. (回答下列问题)

1. 가 : 한국에서 얼마 동안 살았어요?
   나 : _____.

2. 가 : 지금 하고 있는 일을 얼마 동안 하셨어요?
   나 : _____.

3. 가 : 며칠 동안 밥을 안 먹은 거예요?
   나 : _____.

4. 가 : 한국에서 사는 동안 꼭 해 보고 싶은 게 뭐예요?
   나 : _____.

5. 가 : 하숙집 친구하고 많이 친해졌어요? (같이 지내다)
   나 : _____.

6. 가 : 식당에서 주문한 음식을 기다리는 동안 무엇을 합니까?
   나 : _____.

7. 가 : 아기가 있으면 슈퍼에 갈 시간도 없겠네요. (아기가 자다)
   나 : _____.

8. 가 : 방 청소를 언제 했어요? (어머니가 설거지하다)
   나 : _____.

~(으)ㄹ 거예요

2 <보기>와 같이 대답을 쓰십시오. (照例子回答下列问题)

> 보기
> 가 : 저녁을 어디서 먹을 거예요?
> 나 : <u>밖에서 먹을 거예요.</u>

1. 가 : 이번 일요일에 무엇을 해요?
   나 : _____

2. 가 : 컴퓨터를 언제까지 쓸 거예요?
   나 : _____

3. 가 : 언제까지 한국에 계실 거예요?
   나 : _____

4. 가 : 자동차를 가지고 올 거예요?
   나 : 네, _____
   　　아니요, _____

5. 가 : 지금 음악을 들을 거예요?
   나 : 네, _____
   　　아니요, _____

6. 가 : 내일 모임에 넥타이 매고 갈 거예요?
   나 : 아니요, _____

~기 시작하다

3 <보기>와 같이 문장을 만드십시오. (照例子造句)

> 보기
> 12개월 – 걷다
> 아기가 12개월이 되면 혼자 걷기 시작합니다.

1. 6개월 – 이가 나다
   _____

2. 두 살 – 단어를 한두 개 말하다
   _____

3. 세 살 – 혼자 음식을 먹다
   _____

4. 몇 살 – 이성에 관심을 갖다
   _____?

4 대답을 쓰십시오. (回答下列问题)

1. 가 : 언제부터 한국말을 배우기 시작했습니까?
   나 : _____

2. 가 : 한국에서 몇 월에 꽃이 피기 시작합니까?
   나 : _____

3. 가 : 한국에서 몇 월에 단풍이 들기 시작합니까?
   나 : _____

4. 가 : 이 식당은 보통 몇 시부터 손님들이 오기 시작합니까?
   나 : _____

제 18 과 ~아/어/여 주다

~아/어/여 주다

1 <보기>와 같이 바꾸어 쓰십시오. (照例子改写下列句子)

> 보기
> 여기서 좀 <u>기다리세요</u>.
>   기다려 주세요.

1. 월요일 아침에 사무실로 일찍 <u>오세요</u>.

2. 여기가 복잡하니까 좀 <u>나가세요</u>.

3. 내일까지 돈을 <u>내세요</u>.

4. 이 가방 좀 <u>드세요</u>.

5. 좀 큰 목소리로 <u>말하세요</u>.

6. 주소와 이름을 종이에 <u>쓰세요</u>.

2 <보기>와 같이 바꾸어 쓰십시오. (照例子改写下列句子)

> 보기
> 안내서를 팩스로 <u>보낼까요</u>?
>   보내 드릴까요?

1. 장소를 잘 모르시면 제가 같이 <u>갈까요</u>?

2. 제가 거기까지 가는 길을 <u>가르칠까요</u>?

3. (사신 물건을) 쇼핑백에 <u>넣을까요</u>?

4. 무거울 것 같은데 제가 이 가방을 <u>받을까요</u>?

5. 여자 친구를 <u>소개할까요</u>?

6. 손님이 오는 날 제가 가서 <u>도울까요</u>?

③ 대화를 완성하십시오. (完成下列对话)

가 : 정호 씨가 지금 고향 집에 계시지요? 주말쯤 한번 가 보려고 하는데 위치를 좀 1. _____
　　　　　　　　　　　　　　　　　　　　　　　　　　　　(가르치다)

나 : 설명하기가 좀 어려운데 제가 약도를 2. _____
　　　　　　　　　　　　　　　　　　　　　　(그리다)

가 : 네, 정말 감사합니다. 그리고 전화번호도 3. _____
　　　　　　　　　　　　　　　　　　　　　　　　　(쓰다)

가 : 여기 약도가 있고, 밑에 전화번호도 적었습니다. 참, 그 곳 경치가 아주 좋으니까 카메라를 꼭 가져가셔서 사진을 찍으세요.

나 : 어제 제 카메라를 친구한테 4. _____ 지금 없는데.
　　　　　　　　　　　　　　　　　(빌리다)

가 : 그럼 제가 지금 카메라를 가지고 있는데 5. _____
　　　　　　　　　　　　　　　　　　　　　　　　　　(빌리다)

나 : 네, 좀 6. _____ 오늘 여러 가지로 7. _____ 정말 고맙습
　　　　　　(빌리다)　　　　　　　　　　　　(돕다)
니다.

가 : 뭘요. 정호 씨한테 안부 좀 8. _____
　　　　　　　　　　　　　　　　　(전하다)

제 19 과

-아/어/여 주다
-아/어/여 가다(오다)

~아/어/여 주다

1 그림을 보고 <보기>와 같이 문장을 만드십시오. (看图照例子造句)

보기
죄송하지만 사진 좀 찍어 주시겠어요?

1. _____

2. _____

3. _____

4. _____

5. _____

~아/어/여 가다(오다)

2 <보기>와 같이 바꾸어 쓰십시오. (照例子改写下列句子)

보기
> 여러분, 다음 시간까지 숙제를 <u>하세요</u>.
> 　　　　　　　　　　　해 오세요

1. 선생님, 교과서를 몇 페이지까지 <u>읽어야 합니까</u>?

2. 지금 은행에 가는데 돈을 얼마나 <u>찾을까요</u>?

3. 내일 수업 시간에 할 이야기를 <u>생각하세요</u>.

4. 제 친구가 제 책을 <u>빌렸습니다</u>. 그래서 책이 없어요.

5. 소풍을 갈 때 김밥을 <u>쌀 거예요</u>? 샌드위치를 <u>만들 거예요</u>?

6. 내일 요리할 때 필요한 것을 <u>준비하세요</u>.

3 대화를 완성하십시오. (完成下列对话)

1. 가 : 도서관에서 무슨 책을 빌려 왔어요?
   나 : _____

2. 가 : 고향에 갈 때 한국에서 무엇을 사 갈 거예요?
   나 : _____

3. 가 : 어제 산 옷이 작아요?
   나 : 네, 그래서 큰 사이즈로 _____

4. 가 : 일기를 써 오셨어요?
   나 : 아니요, _____

5. 가 : 내일 공원에 갈 때 제가 물과 먹을 것을 가져올까요?
   나 : 아니요, 물은 무거우니까 _____

제20과

~ 밖에
~(으)ㄴ/는데요.

~ 밖에

1 그림을 보고 <보기>와 같이 대답을 쓰십시오. (看图照例子回答下列问题)

보기
가 : 냉장고에 먹을 것이 뭐가 있어요?
나 : <u>물하고 주스밖에 없어요.</u>

1. 가 : 저한테 오만 원쯤 빌려 주실 수 있어요?
   나 : _____

2. 가 : 집에서 학교까지 시간이 많이 걸려요?
   나 : _____

3. 가 : 어제 몇 시간 잤습니까?
   나 : _____

4. 가 : 아침에도 식사를 많이 하세요?
   나 : _____

5. 가 : 크리스마스 때 카드를 많이 받았어요?
   나 : _____

~(으)ㄴ/는데요.

2 <보기>와 같이 대답을 쓰십시오. (照例子回答下列问题)

> 보기
> 가 : 이 구두 지난번에 산 건데 괜찮아요?
> 나 : <u>예쁜데요.</u>

1. 가 : 여보세요, 황은희 씨 계시면 좀 바꿔 주세요.
   나 : _____

2. 가 : 우리 반 친구들과 점심 먹으려고 하는데 내일 어때요?
   나 : 내일은 _____

3. 가 : 입학시험 결과가 어떨 것 같아요?
   나 : 글쎄요, _____

4. 가 : 이 선물을 여자 친구가 좋아할 것 같아요?
   나 : 별로 _____

5. 가 : 주말에 벚꽃 구경하러 같이 가요.
   나 : _____

6. 가 : 제가 어제 이야기한 거 해 오셨지요?
   나 : _____

복습 (제16과~제20과)

1) ' ~이/가 되다 ', ' ~(으)니까요. ', ' ~동안 / ~는 동안 ', ' ~(으)ㄹ 거예요. '를 써서 이야기를 완성하십시오.
（用 "~이/가 되다" "~(으)니까요." "~동안 / ~는 동안" "~(으)ㄹ 거예요." 完成下面的短文）

저는 지금 초등학교 6학년, 열세 살입니다.

내년에 저는 열네 살<u>이 됩니다</u>. 그리고 3월에 중학생 1._____ㅂ니다. 중

학생 2._____면 열심히 공부를 3._____. 초등학교에 4._____ 너무 많
　　　　　　　　　　　　　　　　　　　　　　　　　　　(다니다)

이 5._____. 어제는 교복을 샀습니다. 아주 큰 교복을 샀어요. 3년
　　(놀았다)

6._____ 입을 7._____.
　　　　　　　(옷이다)

사실은 빨리 어른 8._____고 싶습니다. 그 이유는...... 어른 9._____면 공부
도 안 하고, 시험도 안 10._____. 그리고 하고 싶은 걸 많이많이 할 수
　　　　　　　　　　　　(보다)

11._____. 그리고 어른 12._____면 컴퓨터 게임을 만드는 사람
　　(있다)

13._____. 제가 하고 싶은 게임도 할 수 있고 돈도 벌 수

14._____.
　　(있다)

2) 알맞은 부사를 쓰십시오. (选择恰当的副词填空)

> 벌써　곧　특별히　미리　이따가　늦게　아직　별로

1. 그 영화는 지난주에 시작했는데 (　　　) 봤어요?
2. 이 반찬은 (　　　) 맵지 않으니까 먹어 보세요.
3. 회의가 (　　　) 끝나지 않았으니까 조금 (　　　) 들어오십시오.
4. 다른 사람의 집을 방문할 때는 (　　　) 연락을 해야 해요.
5. 김 사장님이 들어오시면 (　　　) 전화 드리겠습니다.
6. 한국 음식 중에서 (　　　) 좋아하는 음식이 있으세요?
7. 오늘 아침에 제일 (　　　) 온 사람이 누구예요?

3. 틀린 것을 고치십시오. (改正下列句子中的错误之处)

1. 대학교에 다니기 동안 좋은 친구를 많이 사귀었습니다.

2. 열 살 때부터 피아노를 배우는 시작했습니다.

3. 친구 집에 갈 때 뭘 사고 갈 거예요?

4. 어제 오지 않은 사람이 저밖에 있어요?

5. 산에 갈 때는 편한 옷을 입어 가세요.

6. 남자 친구한테서 빨갛은 장미를 받았어요.

7. 한국에서 살기 동안 그 친구를 사귀었습니다.

8. 이 시계는 저희 아버지가 저한테 드리신 거예요.

4. '-아/어/여 주다' 와 '-아/어/여 드리다' 를 사용해서 이야기를 완성하십시오. (用 "-아/어/여 주다' 와 '-아/어/여 드리다" 完成下面的短文)

이승희 씨는 제 한국 친구입니다.
저보다 열 살쯤 나이가 많으신 분이에요.
2년 전 한국에 처음 왔을 때 그분이 저를 많이 1._____었어요.
　　　　　　　　　　　　　　　　　　　　　　　　　(돕다)

한국말도 2._____고, 쇼핑도 같이 3._____었어요.
　　　　　　(가르치다)　　　　　　　　　　　　　(하다)

그리고 서울 시내 여기저기를 4._____고 선물도 5._____었어요.
　　　　　　　　　　　　　　(안내하다)　　　　　　　　　　(사다)

다음 주에 승희 씨가 일본에 오실 것 같습니다.
그분이 일본에 오시면 저도 많이 6._____고 싶어요.
　　　　　　　　　　　　　　　　　(돕다)

이승희 씨는 일본 음식을 좋아하니까 좋은 식당을 7._____ㄹ 거예요.
　　　　　　　　　　　　　　　　　　　　　　　　　(소개하다)

또, 유명한 관광지와 온천도 8._____려고 해요.
　　　　　　　　　　　　　　　(안내하다)

제21과

- ~(으)로
- ~(으)ㄹ까요?
- ~아/어/여도 됩니까?

~(으)로

① 다음 단어를 사용해서 문장을 만드십시오. (用下面的词语造句)

> 보기
> 빵과 우유 - 간식 - 먹다
> <u>빵과 우유를 간식으로 먹었어요.</u>

1. 이 테이블 - 책상 - 쓰다
   _____

2. 비행기 표 - 상품 - 받다
   _____

3. 이 옷 - 잠옷 - 입다
   _____

4. 인형 - 생일 선물 - 주다
   _____

5. 김 선생님 - 지난번 회사에서 제 상사 - 계시다
   _____

② ( ) 안에 알맞은 조사를 쓰십시오. (在括号内填入恰当的助词)

1. 회사 체육대회(   ) 기념품(   ) 작은 가방(   ) 받았어요.
2. 파전(   ) 동동주 안주(   ) 좋아요.
3. 그런 남자(   ) 친구(   ) 괜찮지만 남편(   ) 별로 안 좋아요.

4. 지난번 회사(　　) 과장(　　) 일했는데, 이 회사(　　) 부장(　　) 일하고 있어요.

5. 후식(　　) 케이크(　　) 먹을까요?

~(으)ㄹ까요?

3 그림을 보고 <보기>와 같이 문장을 만드십시오. (看图照例子造句)

보기: 이 역기를 들 수 있을까요?

1. _____

2. _____

3. _____

4. _____

5. _____

④ <보기>와 같이 질문을 만드십시오. (照例子造句)

> 보기
> 가: 친구 결혼 선물로 뭐가 좋을까요?
> 나: 그릇이나 예쁜 시계가 좋을 것 같아요.

1. 가 : _____
   나 : 경복궁이나 인사동이 좋을 것 같은데요.

2. 가 : _____
   나 : 맵지 않을 것 같은데요.

3. 가 : _____
   나 : 네, 10시까지 도착할 수 있을 것 같아요.

4. 가 : _____
   나 : 내일 날씨가 맑을 것 같아요.

5. 가 : _____
   나 : 병원에 안 가도 괜찮을 것 같아요.

6. 가 : _____
   나 : 한 50만 원쯤 할 것 같아요.

-아/어/여도 됩니까?

⑤ 그림을 보고 <보기>와 같이 문장을 만드십시오. (看图照例子造句)

> 보기
> 창문을 열어도 됩니까?

1. _____

2. _____

3. _____

4. _____

5. _____

6. _____

7. _____

제22과

'르' 불규칙 동사 · 형용사
~씩
~에
~짜리

'르' 불규칙 동사 · 형용사

① 다음 표를 완성하십시오. (完成下面的表格)

	~아/어/여요	~아/어/여서	~았/었/였어요
고르다	골라요		
다르다			달랐어요
모르다		몰라서	
부르다	불러요		
빠르다			빨랐어요
자르다		잘라서	

② 대답을 쓰십시오. (回答下列问题)

1. 가 : 미라 씨가 귀국한 것을 알았어요?

   나 : 아니요, _____

2. 가 : 이 노래를 부를 수 있지요? (너무 빠르다)

   나 : 아니요, _____아/어/여서 _____

3. 가 : 머리가 짧아졌네요.

   나 : _____

4. 가 : 한국의 결혼식에 가 봤지요? 일본과 비슷해요?

   나 : 아니요, _____

5. 가 : 이거 디자인이 참 예쁘네요. 연희 씨가 고른 거예요? (친구가)

   나 : 아니요, _____

6. 가 : 노래방에서 무슨 노래를 부르셨어요?

　　나 : _____

~ 씩 / ~ 에

3 그림을 보고 <보기>와 같이 문장을 완성하십시오. (看图照例子完成下列句子)

보기
이 약을 <u>하루에 세 번씩</u> 3일 동안 먹어야 해요.

1. 학생이 _____ 앉아요.

2. 김밥을 _____ 먹어요.

3. 한국말을 _____ 공부해요.

4. 한자를 _____ 씁니다.

5. 용돈을 _____ 줍니다.

~짜리

4 그림을 보고 <보기>와 같이 쓰십시오. (看图照例子写句子)

보기
300원짜리 커피, 500원짜리 커피

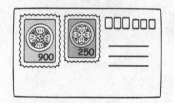

1. _____

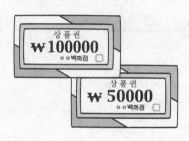

2. _____

3. _____

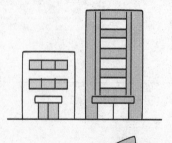

4. _____

5. _____

제 23 과

- ~(이)라서
- ~(으)ㄴ/는 것 같다
- ~(이)나

~(이)라서

1 <보기>와 같이 대답을 쓰십시오. (照例子回答下列问题)

> 보기
> 가: 지금 식당에 가면 사람이 많을까요? (점심시간)
> 나: <u>점심시간이라서 사람이 많을 것 같아요.</u>

1. 가 : 고향에는 버스를 타고 갑니까? (섬)
   나 : _____

2. 가 : 이 게임이 너무 어렵지 않아요? (자주 하는 거)
   나 : _____

3. 가 : 놀러 가는 사람이 많은 것 같아요. (휴가철)
   나 : _____

4. 가 : 학교까지 많이 걸어요? (학교가 지하철역 근처)
   나 : _____

5. 가 : 이 카메라 좀 빌려 줄 수 있어요? (제 카메라가 아니다)
   나 : _____

6. 가 : 강남에 있는 사무실에 왜 혼자 못 가요? (자주 가는 곳이 아니다)
   나 : _____

7. 가 : 어제 먹어 본 비빔밥이 어땠어요? (매운 음식이 아니다)
   나 : _____

~(으)ㄴ/는 것 같다

2 그림을 보고 <보기>와 같이 대답을 쓰십시오. (看图照例子回答下列问题)

보기
가 : 빨리 먹고 싶은데 파전이 아직 안 됐어요?
나 : <u>다 된 것 같아요.</u>

1. 가 : 이 영화를 본 적이 있어요? 없어요?
   나 : _____

2. 가 : 한국과 여러분 나라 중에서
       어디가 물건 값이 더 싸요?
   나 : _____

3. 가 : 이 우산이 희진 씨 우산이에요?
   나 : _____

4. 가 : 재욱 씨하고 주연 씨가 만나는 걸 봤어요.
   나 : 저도 봤어요.
       _____

5. 가 : 아까 받은 돈이 없어졌어요?
       어디에 놓았는데요?
   나 : _____(으)ㄴ데……

6. 가 : 과장님 퇴근하셨어요?
   나 : _____

7. 가 : 저 음식점에서 먹을까요?

　　나 : _____

~(이)나

3 <보기>와 같이 대화를 완성하십시오. (照例子完成下列对话)

> 보기
> 가 : 다음 주에 여행을 가서 학원에 못 나올 것 같아요.
> 나 : 며칠이나 여행을 가는데요?
> 가 : 한 1주일쯤 가려고 하는데요.

1. 가 : 그분은 한국에서 오래 살아서 한국말을 잘해요.
   나 : _____? (몇 년)
   가 : _____

2. 가 : 아까 불고기를 너무 많이 먹었어요. 아직도 배가 안 고파요.
   나 : _____? (몇 인분)
   가 : _____

3. 가 : 한 달 전에 만난 그 사람과 아직 친해지지 않았어요.
   나 : _____? (몇 번)
   가 : _____

4. 가 : 이번 달에 돈을 조금밖에 안 썼어요.
   나 : _____? (얼마)
   가 : _____

제24과

~(으)ㄹ 생각이다
~(으)니까

~(으)ㄹ 생각이다

1 <보기>와 같이 바꾸어 쓰십시오. (照例子改写下列句子)

> 보기
> 앞으로 어떻게 합니까?
> 　　　　　　할 생각입니까?

1. 1년 정도 회사를 쉽니다.

2. 내년에도 계속 학원에 다녀요?

3. 내년에는 지방에도 가게를 열어요.

4. 부장님께는 부탁하지 않습니다.

2 대화를 완성하십시오. (完成下列对话)

> 보기
> 가 : 내년에 대학을 졸업합니다.
> 나 : 대학을 졸업하면 무엇을 할 생각입니까?
> 가 : 대학원에 가서 공부를 좀 더 할 생각입니다.

1. 가 : 자동차를 바꾸어야 할 것 같아요.
   나 : _____
   가 : _____

2. 가 : 우리 동네가 안 좋아서 이사를 가려고 해요.
   나 : _____
   가 : _____

3. 가 : 지금 다니고 있는 회사를 그만두려고 해요.
   나 : _____
   가 : _____

4. 가 : 설날에 고향에 가는 기차표를 못 샀어요.
   나 : 그럼, _____
   가 : _____

-(으)니까

3 <보기>와 같이 바꾸어 쓰십시오. (照例子改写下列句子)

> 보기
>
> 그 말을 들어 봅니다. 거짓말인 것 같아요.
> ▶ 그 말을 들어 보니까 거짓말인 것 같아요.

1. 방에 들어갑니다. 이상한 냄새가 났어요.
   ▶ _____

2. 혼자 한번 만들어 봅니다. 방법을 알겠어요.
   ▶ _____

3. 버스에서 내립니다. 모르는 곳이었어요.
   ▶ _____

4. 제가 그 이야기를 합니다. 사람들이 다 웃었어요.
   ▶ _____

5. 어제 집에 들어갑니다. 11시였어요.
   ▶ _____

6. 먹어 봅니다. 맛이 있네요.
   ▶ _____

7. 밖에 나갑니다. 비가 오고 있었어요.
   ▶ _____

4 <보기>와 같이 대화를 완성하십시오. (照例子完成下列对话)

보기

가 : 한국에서 6개월 살았어요.

나 : 한국에서 6개월 살아 보니까 어때요?

가 : 살아 보니까 우리 나라와 다른 것이 많은 것 같아요.

1. 가 : 어제 처음 운전 학원에서 운전을 해 보았어요.

   나 : _____

   가 : _____

2. 가 : 두 달 전부터 초등학생한테 영어를 가르치는 일을 해요.

   나 : _____

   가 : _____

3. 가 : 어제는 어머니가 안 계셔서 제가 밥도 하고 청소도 했어요.

   나 : _____

   가 : _____

4. 가 : 저 한 달 전에 결혼했어요.

   나 : _____

   가 : _____

5. 가 : 요즘은 노트북 컴퓨터로 글을 쓰고 있어요.

   나 : _____

   가 : _____

6. 가 : 동생의 애인을 어제 처음 만나 봤어요.

   나 : _____

   가 : _____

제25과

- ~만에
- ~(으)ㄹ 거예요.
- ~았/었/였으면 좋겠어요.
- ~(으)면 안 되다

~만에

1 <보기>와 같이 대화를 완성하십시오. (照例子完成下列对话)

보기
가 : 어제 길에서 고등학교 동창을 만났어요.
나 : <u>몇 년 만에 동창을 만난 거예요?</u>
가 : <u>7년 만에 만난 거예요.</u>

1. 가 : 지난 주말에 오래간만에 남산에 갔어요.
   나 : _____
   가 : _____

2. 가 : 내일 가족들을 만나러 집에 갈 거예요.
   나 : _____
   가 : _____

3. 가 : 헤어진 애인한테서 연락이 왔어요.
   나 : _____
   가 : _____

4. 가 : 그동안 대학교를 쉬었는데 다음 학기부터 다시 다닐 거예요.
   나 : _____
   가 : _____

5. 가 : 지난주에 수술하고 어제 처음으로 밥을 먹었어요.
   나 : _____
   가 : _____

~(으)ㄹ 거예요.

2 <보기>와 같이 대답을 쓰십시오. (照例子回答下列问题)

보기
가 : 이 버스가 광화문에 가요?
나 : <u>광화문에 갈 거예요.</u>

1. 가 : 대구가 서울보다 얼마나 더 더워요?
   나 : _____

2. 가 : 열심히 하면 시험에 합격할 수 있어요?
   나 : _____

3. 가 : 이거 민아 씨 건데 제가 하나 가져도 되겠죠?
   나 : _____

4. 가 : 월요일에 백화점이 문을 열어요? 안 열어요?
   나 : _____

5. 가 : 한 시간 전에 떠났는데 지금쯤 도착했을까요?
   나 : _____

6. 가 : 현아한테 문병가려고 하는데 퇴원하지 않았을까요?
   나 : _____

~았/었/였으면 좋겠어요.

3 그림을 보고 <보기>와 같이 문장을 만드십시오. (看图照例子造句)

보기
저는 형제가 없어요.
<u>언니나 동생이 있었으면 좋겠어요.</u>

1. 맛은 있는데 양이 적어요.
   _____.

2. 하숙집 방이 좀 좁아요.
   _____.

3. 방학을 너무 늦게 해요.
   _____.

4. 시장에서는 현금밖에 안 돼요.
   _____.

5. 시험을 너무 자주 봐요.
   _____.

④ 여러분의 '회사'나 '학교', '하숙집', 또는 '가나다 한국어학원'에 바라는 것이 있습니까? 써 보십시오.
（你的"学校""公司"有类似于口号之类的东西吗？请写出来）

___

___

___

___

-(으)면 안 되다

⑤ 그림을 보고 <보기>와 같이 문장을 만드십시오. （看图照例子造句）

보기

1.

2.

3.

4.

5.

보기

> 여기에 쓰레기를 버리면 안 됩니다.

1. _____

2. _____

3. _____

4. _____

5. _____

6 <보기>와 같이 '아니요'로 대답을 쓰십시오. (照例子用 "아니요" 回答问题)

보기

> 가 : 교실에서 영어를 써도 됩니까?
> 나 : 아니요, 교실에서 영어를 쓰면 안 됩니다.

1. 가 : 초등학생이 이 영화를 봐도 됩니까?
   나 : _____

2. 가 : 공연이 시작한 후에 들어가도 됩니까?
   나 : _____

3. 가 : 이름을 한글로 써도 됩니까?
   나 : _____

4. 가 : 여기서 음식을 먹어도 됩니까?

　　나 : _____

5. 가 : 병원에 입원하지 않아도 됩니까?

　　나 : _____

6. 가 : 오늘은 숙제 안 해도 됩니까?

　　나 : _____

복 습 (제21과~제25과)

1. 알맞은 조사를 고르십시오. (选择恰当的助词)

1. 이 운동화를 얼마(에 / 로) 샀습니까?

2. 졸업선물(에 / 로) 뭘 받고 싶어요?

3. 언제(부터 / 나) 한국말을 배우기 시작했어요?

4. 생일에 친구를 몇 명(으로 / 이나) 초대했어요?

5. 일주일 전에 샀는데 교환(이 / 에) 됩니까?

2. 틀린 것을 고치십시오. (改正下列句子中的错误之处)

1. 이 사과는 한 개씩 1,500원입니다.

2. 어젯밤 텔레비전을 켜면 뉴스를 하고 있었어요.

3. 이 티셔츠는 30,000원 짜리인데 25,000원으로 샀어요.

4. 이 약은 하루마다 두 번씩 먹어야 해요.

5. 한국에 온 후 6개월 만에 부모님을 만나지 않았어요.

6. 이 사진을 보아도 안 돼요.

3. 대화를 완성하십시오. (完成下列对话)

1. 가 : 오늘 백화점에 사람이 정말 많네요.

   나 : _____(이)라서 _____.

2. 가 : 크리스마스 때 좋은 계획이 있습니까?

   나 : _____(으)ㄹ 생각입니다.

3. 가 : 내일까지 돈을 내지 않아도 됩니까?

   나 : 네, _____

4. 가 : 밤늦게 하숙집에 전화해도 됩니까?

   나 : 아니요, _____

5. 가 : 이번 주말에 무엇을 할까요?

   나 : _____았/었/였으면 좋겠어요.

4 ' -(으)ㄴ/는/(으)ㄹ 것 같다 ' 를 사용해서 대답을 쓰십시오.
（用 "-(으)ㄴ/는/(으)ㄹ 것 같다" 回答下列问题）

1. 가 : 사장님과 이야기하셨죠? 오늘 사장님 기분이 어떤 것 같아요?

   나 : _____

2. 가 : 듣기 시험을 잘 봤어요? 점수가 어떨 것 같아요?

   나 : _____

3. 가 : 현우씨, 오늘은 일이 언제 끝나요?

   나 : _____

4. 가 : 이 나무에 잎이 없네요. 색도 이상하고.

   나 : _____

5. 가 : 지금 옆 교실은 수업을 하고 있어요?

   나 : _____

제26과

~ 번째
~(으)ㄹ 때

~ 번째

1 그림을 보고 <보기>와 같이 문장을 만드십시오. (看图照例子造句)

보기

'은희' 씨는 앞에서 두 번째, 왼쪽에서 세 번째 자리에 앉았습니다.

1. '8-라' 자리는 _____

2. '6-다' 자리는 _____

3. '8-나' 자리는 _____

2 대화를 완성하십시오. (完成下列对话)

1. 가 : 한국에 몇 번째 오신 거예요?

   나 : _____

2. 가 : _____

   나 : 이번 생일이 스물한 번째 생일이에요.

3. 가 : _____
   나 : 두 번째 남자 친구예요.

4. 가 : 몇 번째 만났을 때 여자 친구에게 프러포즈 했어요?
   나 : _____

5. 가 : 이 책을 지난번에도 읽으셨죠? 또 읽으세요?
   나 : _____

-(으)ㄹ 때

3 <보기>와 같이 두 문장을 연결하십시오. (照例子联结下面的句子)

> 보기
> 심심합니다. 만화책을 봅니다.
> ▶ 심심할 때 만화책을 봅니다.

1. 외국에서 몸이 아픕니다. 가족들 생각이 나요.
   ▶ _____

2. 어렸습니다. 시골에서 살았어요.
   ▶ _____

3. 밥을 먹고 싶지 않습니다. 국수를 먹어요.
   ▶ _____

4. 다른 사람이 이야기합니다. 잘 들으세요.
   ▶ _____

5. 지난번에 이 선생님이 오지 않았습니다. 최 선생님이 가르쳤습니다.
   ▶ _____

4. <보기>와 같이 대답을 쓰십시오. (照例子回答下列问题)

> **보기**
> 가 : 이 테이프는 언제 들으려고 샀어요? (운전하다)
> 나 : <u>운전할 때 들으려고 샀어요.</u>

1. 가 : 이 테이블은 언제 샀어요? (7년 전 멕시코에서 살다)
   나 : _____

2. 가 : 신용카드는 언제 사용합니까?
   나 : _____

3. 가 : 지난번 한국에 왔을 때 어디에 갔어요?
   나 : _____

4. 가 : 집에 혼자 있을 때 무엇을 합니까?
   나 : _____

5. 가 : 이 약은 무슨 약이에요?
   나 : _____

6. 가 : 언제 사전을 찾아봅니까?
   나 : _____

제27과

~아/어/여도
~만

~아/어/여도

1 <보기>와 같이 두 문장을 연결하십시오. (照例子联结句子)

> 보기
> 열심히 공부합니다. 성적이 좋아지지 않아요.
> ▶ 열심히 공부해도 성적이 좋아지지 않아요.

1. 약을 먹습니다. 감기가 낫지 않아요.
   _____

2. 이름을 부릅니다. 대답하지 않아요.
   _____

3. 지금부터 준비합니다. 늦지 않을 것 같아요.
   _____

4. 맛이 없습니다. 먹어야 합니다.
   _____

5. 내일 날씨가 나쁩니다. 소풍을 갈 거예요?
   _____

2 대답을 쓰십시오. (回答下列问题)

1. 가 : 술을 많이 마시면 얼굴이 빨개져요?
   나 : 아니요, _____

2. 가 : 그 남자한테서 연락이 오면 만날 거예요?

　　나 : 아니요, _____

3. 가 : 수술하면 고칠 수 있는 병이에요?

　　나 : 아니요, _____

4. 가 : 택시를 타면 9시까지 도착할 수 있을까요?

　　나 : 아니요, _____

5. 가 : 설명을 들으니까 잘 알겠어요?

　　나 : 아니요, _____

~ 만

3 <보기>와 같이 대답을 쓰십시오. (照例子回答下列问题)

> 보기
> 가 : 수업 시간에 영어나 일본말을 씁니까?
> 나 : <u>아니요, 수업 시간에 한국말만 써야 해요.</u>

1. 가 : 한국에 부인과 아이들도 같이 왔어요?

　　나 : 아니요, _____

2. 가 : 설탕을 얼마나 넣어 드릴까요?

　　나 : _____

3. 가 : 이 약은 하루에 두 번 먹는 거예요?

　　나 : 아니요, _____

4. 가 : 우리 세 명인데, 불고기를 몇 인분 시킬까요?

   나 : _____

5. 가 : 이 얘기를 누구누구한테 했어요?

   나 : _____

6. 가 : 야마다 씨는 집에서도 한국말을 쓰세요?

   나 : 아니요, _____

7. 가 : 안경을 쓰셨네요. 보통 때는 안 쓰지요?

   나 : 네, _____

제28과

~는 데 (돈이 들다 / 시간이 걸리다)
~(으)로
~(이)나

~는 데 (돈이 들다 / 시간이 걸리다)

1 회사원인 혜원 씨의 아침 시간입니다. <보기>와 같이 문장을 만드십시오.
（根据此时间表，照例子造句）

오전 6:30-6:50	샤워하기
오전 7:00-7:15	식사 준비
오전 7:15-7:30	아침 식사
오전 7:30-8:00	화장하기, 옷 입기
오전 8:00	집에서 출발
오전 8:15	지하철 타기
오전 8:40	회사 도착

보기

혜원 씨는 샤워하는 데 20분 걸립니다.

1. _____

2. _____

3. _____

4. _____

2 지난달에 결혼한 정윤 씨의 결혼 비용입니다.
<보기>와 같이 문장을 만드십시오.(根据此结婚预算表，照例子造句)

예식장, 식당 빌리기	3,000,000원
드레스 빌리기	1,500,000원
한복 맞추기	750,000원
미용실(화장, 머리)	300,000원
사진 촬영	1,500,000원
신혼여행	5,000,000원

보기
예식장과 식당을 빌리는 데 삼백만 원 들었습니다.

1. _____

2. _____

3. _____

4. _____

~(으)로

3 그림을 보고 <보기>와 같이 대화를 완성하십시오.(看图照例子回答下列问题)

보기
가 : 요구르트와 치즈는 무엇으로 만듭니까?
나 : 우유로 요구르트와 치즈를 만듭니다.

1. 가 : _____
   나 : _____

2. 가 : _____
   나 : _____

3. 가 : _____
   나 : _____

4. 가 : _____
   나 : _____

5. 가 : _____
   나 : _____

~(이)나

4 <보기>와 같이 (　　) 안에 알맞은 말을 쓰십시오. (在括弧中填入恰当的词语)

보기

저는 그 영화를 (세 번이나) 봤어요.

1. 친구가 오지 않아서 (　　　　　) 기다렸어요.

2. 저는 밥을 (　　　　　) 먹어서 배가 불러요.

3. 이 책을 (　　　　　　) 읽었는데 이해가 잘 안 돼요.

4. 그분한테 제가 연락을 (　　　　　　) 했으니까 오실 거예요.

5. 청바지가 (　　　　　) 있는데 또 샀어요?

⑤ <보기>와 같이 대화를 완성하십시오. (照例子回答下列问题)

보기

가 : 어제 손님이 몇 명 왔어요?
나 : <u>스무 명 왔어요.</u>
가 : <u>스무 명이나 왔어요?</u>
　　<u>스무 명밖에 안 왔어요?</u>

1. 가 : 이 전자 사전을 얼마 주고 샀어요?
　　나 : _____
　　가 : _____

2. 가 : 한 달에 생활비가 얼마나 들어요?
　　나 : _____
　　가 : _____

3. 가 : 주말에 서울에서 춘천 가는 데 몇 시간 걸렸어요?
　　나 : _____
　　가 : _____

4. 가 : 한 시간 동안 몇 페이지 읽었어요?
　　나 : _____
　　가 : _____

제29과

~게
~(으)ㄹ 테니까

~게

1 <보기>와 같이 '형용사'와 '동사'를 사용해서 문장을 만드십시오.
（照例子用给出的动词和形容词造句）

> **보기**
> 즐겁다 - 지내다
> 저는 한국에서 즐겁게 지내고 있습니다.

1. 늦다 - 오다
   _____

2. 크다 - 말하다
   _____

3. 예쁘다 - 생기다
   _____

4. 하얗다 - 칠하다
   _____

5. 맵지 않다 - 만들다
   _____

2 대화를 완성하십시오. （回答下列问题）

1. 가 : 손님, 머리를 어떻게 자를까요?
   나 : _____ 게 _____

2. 가 : 정은 씨가 옷을 잘 입어요?

　　나 : 네, 항상 _____게 _____

3. 가 : 어제 친구들과 놀았어요?

　　나 : 네, _____게 _____

4. 가 : 제가 1년 탄 자동차를 800만 원에 팔았어요.

　　나 : _____게 _____

5. 가 : 불고기에 설탕을 조금만 넣으시네요.

　　나 : 네, 저는 _____게 _____

-(으)ㄹ 테니까

3 문장을 완성하십시오. (完成下列句子)

1. 제가 돈을 빌려 드릴 테니까 _____

2. 저녁 값은 내가 낼 테니까 _____

3. 한 시간 후에 돌아올 테니까 _____

4. _____ 집에서 일찍 출발하세요.

5. 상우 씨가 _____ 집으로 연락해 보세요.

4 <보기>와 같이 대답을 쓰십시오. (照例子回答下列问题)

> **보기**
> 가 : 이번에 꼭 참가하고 싶었는데 못했어요.
> 나 : <u>다음에도 기회가 있을 테니까 그때 참가하세요.</u>

1. 가 : 방과 거실을 다 청소해야 하는데……
   나 : _____

2. 가 : 오늘 술 많이 마시면 안 돼요! 알았지요?
   나 : _____ 걱정하지 마세요.

3. 가 : 오늘까지 다 해야 하는데, 너무 졸려요.
   나 : _____

4. 가 : 여행 가는데 두꺼운 옷을 가져가야 할까요?
   나 : _____

5. 가 : '하늘 공원'에 가려고 하는데 무엇을 타는 게 좋아요?
   나 : _____

6. 가 : 지금 사무실에 가면 과장님을 만날 수 있을까요?
   나 : _____

제30과

~(으)ㄴ/는/(으)ㄹ 거예요.
~(으)ㄴ 지

~(으)ㄴ/는/(으)ㄹ 거예요.

1 <보기>와 같이 문장을 바꾸어 쓰십시오. (照例子改写下列句子)

> **보기**
> 이 꽃다발은 제가 만들었습니다.
> ▶ <u>이 꽃다발은 제가 만든 거예요.</u>

1. 이 옷은 여자 친구가 사 주었습니다.
   ▶ _____

2. 이 사진은 대학교 졸업여행 때 찍었습니다.
   ▶ _____

3. 그 영화는 누가 나와요?
   ▶ _____

4. 이 과자는 제 동생이 좋아해요.
   ▶ _____

5. 이 상자 안에 있는 물건들은 다 버리겠습니다.
   ▶ _____

6. 이 과자는 오후에 간식으로 먹겠습니다.
   ▶ _____

2 <보기>와 같이 대답을 쓰십시오. (照例子回答下列问题)

> **보기**
> 가 : 이 노래는 누가 부르는 거예요?
> 나 : <u>'보아'가 부르는 거예요.</u>

1. 가 : 이거 진짜 예쁘네요. 산 거예요, 받은 거예요?

   나 : _____

2. 가 : 이 샴페인은 뭐예요?

   나 : _____

3. 가 : 이 머리핀 비싼 거예요? 어디서 산 거예요?

   나 : _____

4. 가 : 이 편지는 누구한테 온 거예요?

   나 : _____

~-(으)ㄴ 지

3) <보기>와 같이 문장을 만드십시오. (照例子造句)

116

보기　한국에 온 지 1년 되었습니다.

1. _____

2. _____

3. _____

4. _____

5. _____

6. _____

7. _____

복 습 (제26과~제30과)

1 다음 이야기를 읽고 문장을 완성하십시오.(读下面的短文，完成下列句子)

> 저는 3년 전에 한국에서 고등학교를 졸업했습니다. 졸업한 후에 한 번도 친구들을 만나지 못했습니다. 왜냐하면 졸업 후에 미국에 갔기 때문입니다. 미국에서 1년 동안 영어를 공부하고 그 후에 대학교에 들어갔습니다. 그런데 지난주에 방학을 해서 가족과 친구들을 만나려고 한국에 왔습니다. 전에도 두 번 한국에 왔지만 시간이 없어서 친구들을 만나지 못했습니다. 그래서 어제는 오래간만에 친구를 만났습니다.

1. 3년 _____ 미국에서 살았습니다.

2. 고등학교를 _____ 3년이 되었습니다.

3. 2년 _____ 대학교에 들어갔습니다.

4. 어제 3년 _____ 친구를 만났습니다.

5. 한국에 온 것은 이번이 세 _____ 입니다.

2 틀린 것을 고치십시오.(改正下列句子中的错误之处)

1. 학교에 가지 않는 적이 있습니까?

2. 수철 씨는 노래를 잘하게 불러요.

3. 한국에 왔는지 5개월이 되었습니다.

4. 책을 읽었을 때 안경을 쓰지만 보통 때는 쓰지 않습니다.

5. 유럽에서 일주일 관광하는 데 돈이 얼마쯤 걸려요?

6. 그 영화가 재미있어서 세 번도 봤어요.

3. 다음 대화를 잘 읽고 알맞은 조사를 쓰십시오.
（认真读下面的对话，填入恰当的助词）

〈꽃집에서〉

가 : 장미 있어요?

나 : 네, 이 쪽(1.   ) 오세요.

가 : 한 송이(2.   ) 얼마예요?

나 : 빨간 장미(3.   ) 한 송이(4.   ) 2000원, 노란 장미(5.   ) 분홍 장미(6.   ) 2500원이에요.

가 : 여자 친구(7.   ) 선물(8.   ) 줄 건데……
저는 노란 색(9.   ) 좋은데 괜찮을까요?

나 : 그럼요. 몇 송이(10.   ) 드릴까요?

가 : 50송이(11.   ) 예쁘게 꽃다발(12.   ) 만들어 주세요.

나 : 50송이(13.   ) 사세요? 저게 전부 50송인데……

가 : 제가 다 사면 좀 싸게 주시겠네요.

나 : 그래요. 125,000원인데 120,000원(14.   ) 주세요.

가 : 그런데 신용카드(15.   ) 됩니까?

나 : 신용 카드(16.   ) 계산하시면 깎아 드릴 수 없는데……

4. 두 문장을 연결하십시오.（用给出的词语联结两个句子）

~(으)ㄹ 때   ~아/어/여도   ~는 데   ~(으)ㄹ 테니까   ~(으)ㄴ 지

1. 그 친구를 만났습니다. 1년이 되었습니다.

2. 한국에 옵니다. 비행기로 왔습니다.

3. 이 일은 제가 하겠습니다. 앉아서 쉬세요.

4. 바쁩니다. 꼭 참석해야 합니다.

5. 여기에서 공항까지 갑니다. 시간이 얼마나 걸립니까?

제1과

① 1. 천만 원이 있으면 자동차를 사겠습니다.
2. 내일 비가 오지 않으면 다 같이 공원에 갑시다.
3. 시간이 없으면 이 일을 하지 마십시오.
4. 바쁘지 않으면 저와 같이 남대문 시장에 가시겠어요?
5. 지금 출발하면 부산에 3시간 후에 도착합니다.
6. 학교를 졸업하면 무엇을 하려고 합니까?
7. 지금 집에 가면 누가 있어요?

② 1. 저는 노래를 부릅니다. 2. 저는 텔레비전을 봅니다.
3. 저는 음악을 듣습니다. 4. 저는 비빔밥을 만듭니다.
5. 우리 집에서는 아내가(어머니가) 전화를 받습니다.

③ 1. 자동차를 고칠 수 있습니다. (고칠 수 없습니다.)
2. 춤을 출 수 있습니다. (출 수 없습니다.)
3. 한자를 읽을 수 있습니다. (읽을 수 없습니다.)
4. 바이킹을 탈 수 있습니다. (탈 수 없습니다.)
5. 이메일을 보낼 수 있습니다. (보낼 수 없습니다.)
6. 한국 음식을 만들 수 있습니다. (만들 수 없습니다.)
7. 기타를 칠 수 있습니다. (칠 수 없습니다.)

④ 1. 한국 노래를 부를 수 있습니다.
2. 아침에 일찍 일어날 수 있습니다.
3. 혼자 옷을 입을 수 있습니다.
4. 갈비 3인분을 먹을 수 없습니다.
5. 이 가방을 들 수 있습니다.
6. 갈 수 없습니다.
7. 시장에서 티셔츠를 살 수 있습니다.

제2과

①
1. 무슨 운동을 좋아합니까?
2. 무슨 옷을 입었습니까?
3. 무슨 음식을 만들려고 합니까?
4. 그 분은 무슨 일을 합니까?
5. 무슨 요일에 학원에 가지 않습니까?
6. 무슨 프로그램을 자주 봅니까?
7. 노래방에 가면 무슨 노래를 잘 부릅니까?

②
1. 가: 파마를 할까요?
   나: 네, 파마를 하세요. (아니요, 파마를 하지 마세요.)
2. 가: 문을 닫을까요?
   나: 네, 문을 닫으세요. (아니요, 문을 닫지 마세요.)
3. 가: 청바지를 입을까요?
   나: 네, 청바지를 입으세요. (아니요, 청바지를 입지 마세요.)
4. 가: 에어컨을 켤까요?
   나: 네, 에어컨을 켜세요. (아니요, 에어컨을 켜지 마세요.)
5. 가: 이 의자에 앉을까요?
   나: 네, 앉으세요. (아니요, 앉지 마세요.)

③
1. 오전 10시까지 오세요.
2. 테이블 위에 놓으세요.
3. 양복을 입으세요.
4. 몇 시에 전화할까요?
5. 누구한테 물어볼까요?
6. 무슨 요일에 올까요?

④
1. 여기에서 사진을 찍지 마십시오.
2. 여기에 주차하지 마십시오.
3. 여기에서 수영하지 마십시오.
4. 여기에서 낚시하지 마십시오.
5. 여기에서 휴대전화를 사용하지 마십시오.

해답 ▶

제 3 과

① 1. 운동을 잘하지 못합니다. (운동을 잘 못합니다.)
   2. 술을 마시지 못합니다. (술을 못 마십니다.)
   3. 파티에 가지 못합니다. (파티에 못 갑니다.)
   4. 편지를 쓰지 못했습니다. (편지를 못 썼습니다.)
   5. 비행기표를 사지 못했어요. (비행기표를 못 샀어요.)
   6. 그 책을 다 읽지 못했습니다. (그 책을 다 못 읽었습니다.)

② 1. 학원에 갔습니다. / 사전을 샀습니다.
   2. 아르바이트를 합니다. / 여행 가방을 샀습니다.
   3. 한국 영화를 보려고 / 한국 회사에 취직하려고
   4. 영어 학원에 다니려고 / 운동하려고
   5. 돈가스를 만들려고 / 김치찌개를 만들려고

제 4 과

① 1. 부산에 친구가 있어서 만나러 가요.
   2. 한국 음식을 좋아해서 자주 먹어요.
   3. 어제 많이 걸어서 다리가 아파요.
   4. 여러 번 연습해서 잘할 수 있어요.
   5. 내일은 바빠서 못 갑니까?
   6. 아침을 먹지 않아서 배가 고파요.
   7. 의자가 커서 두 사람이 같이 앉을 수 있어요.

② 1. 분위기가 좋아서   2. 아주 친절해서   3. 음식 값이 비싸지 않아서
   4. 배가 아파서   5. 친구가 와서   6. 피곤해서(회사 일이 많아서)
   7. 늦게 일어나서

③ 1. 오늘 저녁엔 약속이 있어서   2. 지금 바빠서
   3. 미안합니다만 몸이 안 좋아서   4. 고맙습니다만 배가 좀 아파서

제5과

①
1. 팥빙수를 먹고 싶어요.
2. 쉬고 싶어요.
3. 일하고 싶지 않아요.
4. 배낭여행을 하고 싶어요.
5. 여자(남자) 친구를 사귀고 싶어요.
6. 공부를 열심히 하고 싶어요.
7. 아르바이트를 하고 싶어요.

②

	~아/어/여요	~았/었/였어요	~(으)면	~(으)ㄴ
덥다	더워요	더웠어요	더우면	더운
쉽다	쉬워요	쉬웠어요	쉬우면	쉬운
어렵다	어려워요	어려웠어요	어려우면	어려운
맵다	매워요	매웠어요	매우면	매운
뜨겁다	뜨거워요	뜨거웠어요	뜨거우면	뜨거운
가깝다	가까워요	가까웠어요	가까우면	가까운
시끄럽다	시끄러워요	시끄러웠어요	시끄러우면	시끄러운
무겁다	무거워요	무거웠어요	무거우면	무거운
귀엽다	귀여워요	귀여웠어요	귀여우면	귀여운
*좁다	좁아요	좁았어요	좁으면	좁은

③
1. 무거워서 혼자 들 수 없어요.
2. 뜨거워서 아직 안 마셨어요.
3. 시끄러워서 껐어요.
4. 집에서 가까워서 자주 가요.
5. 너무 쉬워서 바꿨어요.
6. 무서워서 끝까지 못 봤어요.

④
1. 깨끗한 양말 / 더러운 양말
2. 긴 치마 / 짧은 치마
3. 무거운 가방 / 가벼운 가방
4. 비싼 옷 / 싼 옷
5. 높은 산 / 낮은 산

⑤
1. 조용하고 깨끗한
2. 예쁘고 비싸지 않은
3. 작고 가벼운
4. 크고 무거운
5. 맵고 뜨거운 (맵지 않고 뜨겁지 않은)

해답

복습 (제1과 - 제5과)

① 8 → 6 → 3 → 4 → ① → 5 → ② → 7

② 1. 싶으는 → 싶은
2. 무슨든지 → 무엇이든지
3. 휴일있어서 → 휴일이어서
4. 있었어서 → 있어서
5. 먹을 수 못합니다 → 먹을 수 없습니다. (먹지 못합니다.)
6. 않습니다 → 않았습니다
7. 깨끗하는 → 깨끗한

③ 1. 약속을 지키지 못해서 죄송합니다.
2. 고맙습니다만 오늘은 갈 수 없습니다.
3. 비행기표를 예약하려고 여행사에 전화했어요.
4. 한잔하고 싶어서 친구와 맥줏집에 갔습니다.
5. 저녁에 집에 가면 보통 9시쯤 됩니다.

④ 1. 한국 음식을 먹고 싶으면 우리 집에 오세요.
2. 바다 경치를 보고 싶어서 지난 주말에 부산에 갔어요.
3. 10년 전에는 결혼하고 싶었지만 지금은 결혼하고 싶지 않아요.
4. 이 일을 하고 싶지 않으면 하지 마세요.

제6과

① 1. 맛있군요. 2. 잘하시는군요. 3. 않군요. 4. 싫어하시는군요.
5. 드시는군요. 6. 않는군요. 7. 이군요. 8. 오셨군요.

② 1. 형제가 많군요. 2. 공부를 잘했군요. 3. 눈이 많이 왔군요.
4. 술을 잘 마시는군요. 5. 길에 차가 많지 않군요.

③
1. 이를 닦고 잤습니다.
2. 청소하고 쉬세요.
3. 영화를 보고 차를 마셨습니다.
4. 세수하고 옷을 입어요.
5. 머리를 자르고 드라이를 하려고 합니다.
6. 식사하고 노래방에 갈까요?
7. 학교를 졸업하고 결혼했어요.

④
1. 그 가게는 제가 자주 가는 가게입니다.
2. 아침에 공원에 가면 운동하는 사람을 많이 볼 수 있습니다.
3. 모르는 것이 있으면 선생님한테 질문하세요.
4. 이 탤런트 이름을 아는 사람이 있습니까?
5. 입지 않는 옷은 어떻게 합니까?
6. 그 사람은 잘하는 운동이 많습니다.
7. 이 근처에 싸고 맛있는 식당이 있습니까?
8. 저기서 이야기하고 있는 분이 선생님입니다.
9. 지하철 근처에 있는 다방에서 만납시다.
10. 지금 듣는 테이프가 회화 테이프입니다.

제 7 과

①
1. 내일은 9시에 회의가 있으니까 8시 50분까지 오세요.
2. 저는 술을 못 마시니까 맥주 한 병만 시키세요.
3. 오늘은 보너스를 받았으니까 제가 한턱내겠습니다.
4. 스파게티는 제가 잘 만드니까 제가 만들겠습니다.
5. 오늘은 한 명이 오지 않았으니까 여덟 명이군요.

②
1. 비가 그치면 나갑시다.   2. 7인분 준비하려고 합니다.
3. 가지 않습니다.   4. 평일은 바쁘니까 (토요일에 시간이 있으니까)
5. 미키 씨가 잘 아니까 (저는 잘 모르니까)

해답

③
1. 일본에서 온 학생이 다섯 명 있습니다.
2. 어제 점심에 먹은 음식 이름이 뭐예요?
3. 숙제를 하지 않은 사람이 없습니다.
4. 제가 만든 과자입니다.
5. 작년 제 생일에 친구한테서 받은 선물입니다.
6. 오늘 하지 못한 일이 있으면 내일 하십시오.
7. 어제 친구한테서 들은 이야기를 하겠습니다.
8. 조금 전에 전화를 건 사람이 누구예요?

제8과

① 1. ○, ×, ○ 2. ○, ○, × 3. ○, ×, ○ 4. ×, ○, ○ 5. ×, ○, ×

②
1. 추운 겨울에 입을 옷이 없습니다.
2. 친구에게 줄 꽃입니다.
3. 내일 수업에 오지 않을 사람이 누구입니까?
4. 내일 교실에서 들을 테이프가 없습니다.
5. 오늘 할 일이 많습니다.
6. 다음 달에 가르칠 선생님이 최 선생님입니다.
7. 선생님에게 할 이야기가 있어요.
8. 내일 아침에 먹을 빵을 샀습니다.
9. 한국말을 배운 후에 한국에서 일할 계획입니다.
10. 외국에 있는 친구에게 보낼 선물을 샀습니다.

③ 1. 잘하는 2. 마시는 3. 재미있는 4. 아는 5. 추는 6. 먹는
7. 많은   8. 없는   9. 있는   10. 사는 11. 사는 12. 결혼한
13. 결혼하지 않은 14. 갈 15. 배울 16. 살 17. 돌아갈 18. 만든

제 9 과

① 1. 선물을 포장해서 주려고 합니다.
2. 도서관에서 책을 빌려서 읽었습니다.
3. 공항에 도착해서 전화하겠습니다.
4. 김밥을 만들어서 먹을까요?
5. 가방에 넣어서 가져가세요.
6. 친구를 만나서 식사했어요.
7. 들어가서 기다리시겠어요?

② 1. 만나서 2. 가서 3. 먹고 4. 사서 5. 마시고 6. 보고 7. 들어가서
8. 찾아서 9. 가서 10. 부르고 11. 앉아서 12. 서서 13. 추고 14. 나와서

③ 1. 숟가락으로 2. 포크로 3. 가위로 4. 전화로
5. 이메일로 6. 기차로 7. 볼펜으로 8. 색연필로

제 10 과

① 1. 매다 2. 끼다, 쓰다 3. 끼다 4. 쓰다 5. 신다 6. 입다 7. 하다
8. 하다 9. 끼다 10. 쓰다 11. 신다 12. 들다, 메다 13. 차다

② 1. 반바지를 입고, 장화를 신고, 안경을 쓰고, 책가방을 메고, 우산을 쓰고 있습니다.
2. 치마를 입고, 코트를 입고, 부츠를 신고, 모자를 쓰고, 목도리를 하고, 장갑을 끼고, 책을 들고 있습니다.

③ 1. 걸어가면서 이야기합시다. 2. 운전하면서 전화하지 마세요.
3. 팝콘을 먹으면서 영화를 봤어요. 4. 음악을 들으면서 공부해요.
5. 김밥을 싸면서 먹었어요. 6. 대학교에 다니면서 아르바이트하는
7. 옷을 입으면서 빵을 먹었어요.

해답

④
1. 가 볼까요?
2. 만나 보고 싶어요.
3. 들어 봅시다.
4. 부탁해 보셨어요?
5. 먹어 보지 못했어요.
6. 써 보시겠어요?
7. 입어 보세요.

⑤
1. 읽어 봤어요.
2. 만들어 보지 않았어요. (안 만들어 봤어요.)
3. 이야기해 보지 않았어요. (이야기 안 해 봤어요.)
4. 이거 한번 먹어 보세요.
5. 한국에서 어디에 가 보고 싶어요?

복습문제 (제6과 - 제10과)

① 1. 만들어서   2. 내려서   3. 씻고   4. 쓰고   5. 씻어서
   6. 벗고   7. 졸업하고   8. 올라가서   9. 만나서   10. 만나고

② 1. 마시은 → 마신   2. 봤는 → 본   3. 놀을 → 놀   4. 읽은 → 읽는
   5. 않은 → 않는   6. 듣은 → 들은   7. 만들은 → 만든
   8. 가깝지 않는 → 가깝지 않은

③ 1. 반가웠겠네요.   2. 보고 싶겠네요.
   3. 예쁘네요. / 싸네요.   4. 잘했네요.
   5. 그럼 잘하겠네요.   6. 다리가 아팠겠네요. (많이 다니셨네요.)

④ (자유 대화 만들기)

제11과

① 1. 잔 일이 있어요.   2. 받은 일이 있어요.
   3. 걸어간 일이 있어요.   4. 난 일이 있어요.

5. 잊어버린 일이 있어요   6. 못 들어간 일이 있어요

② 1. 네, 큰 실수를 한 일이 있어요. (아니요, 없어요.)
2. 네, 학교에 못 간 일이 있어요. (아니요, 없어요.)
3. 네, 길을 잃은 일이 있어요. (아니요, 없어요.)
4. 네, 유명한 탤런트나 배우를 본 일이 있어요. (아니요, 없어요.)
5. 네, 지진이 난 일이 있어요. (아니요, 없어요.)

③ 1. 한국말로 전화해 본 일이 있습니다.
2. 한복을 입어 본 일이 있습니다.
3. 경주에 가 본 일이 있습니다.
4. 한국말로 편지를 써 본 일이 있습니다.
5. 냉면을 먹어 본 일이 있습니다.
6. 김치를 만들어 본 일이 있습니다.
7. 애인과 헤어져 본 일이 있습니다.

④ 1. ②, ⑨
2. ④, ⑤
3. ③, ⑥
4. ①, ⑩
5. ⑦, ⑧

⑤ (자유 작문)

제 12 과

① 1. 떡국이지요?   2. 싶으시지요?   3. 아니지요?
4. 건강하시지요?   5. 있으시지요?   6. 받으셨지요?
7. 맵지 않지요?   8. 살지 않지요?   9. 못 가시지요?
10. 끝나지 않았지요?

해답 ▶

② 1. 늦었는데 택시 탈까요?
2. 오늘부터 월요일까지 휴일인데 여행갈까요?
3. 바람 불고 추운데 코트를 입으세요.
4. 감기에 걸렸는데 출근하지 마세요.
5. 50% 세일하는데 많이 사세요.

제 13 과

① 1. 그 드라마가 재미있는데 왜 안 보세요?
2. 이 가방이 무거운데 혼자 들 수 있어요?
3. 이 과자 제가 만들었는데 좀 드시겠어요?
4. 인사동에서 샀는데 예쁘지요?
5. 내일 휴일인데 무엇을 하려고 하세요?
6. 윤 선생님을 만나러 왔는데 지금 안에 계세요?
7. 어제가 은주 생일이었는데 몰랐어요?

② 1. 타야 합니다.   2. 도착해야 합니다.   3. 내야 합니다.
4. 사야 해요.   5. 넣어야 해요.

③ 1. 병원에 가야 해요.   2. 학원에 다녀야 해요.
3. 부산에서 배를 타야 해요.   4. 1주일쯤 기다려야 해요.
5. 손님이 오시니까 여러 가지 준비해야 해요   6. 국제 면허증을 받아야 해요.

④ 1. 교실에서 한국말을 써야 합니다.
2. 모르는 것이 있으면 선생님한테 물어봐야 합니다.
3. 지금 하고 있는 일을 7시까지 끝내야 합니다.
4. 이메일과 편지 답장을 써야 합니다.
5. 회식 장소를 예약해야 합니다.
6. 손을 깨끗이 씻고 밥을 먹어야 합니다.
7. 교실과 복도에서 작은 소리로 말해야 합니다.
8. 선생님 말씀을 잘 들어야 합니다.

제 14과

① 1. 무슨 2. 어느 3. 어떤 4. 몇 5. 어느
   6. 어떤 7. 어떤 8. 무슨 9. 몇 10. 어느

②

좋다	좋아하다	밉다	미워하다
싫다	싫어하다	귀엽다	귀여워하다
~고 싶다	~고 싶어하다	즐겁다	즐거워하다
재미있다	재미있어하다	예쁘다	예뻐하다
부럽다	부러워하다	슬프다	슬퍼하다
반갑다	반가워하다	기쁘다	기뻐하다
고맙다	고마워하다	피곤하다	피곤해하다
부끄럽다	부끄러워하다	미안하다	미안해하다

③ 1. 반가워합니다. 2. 좋아합니다. 3. 귀엽지 4. 예뻐합니다.
   5. 예쁜 6. 싫어합니다. 7. 부러워합니다.

④ 1. 싫어해요. 2. 피곤해하시네요. 3. 재미있는, 재미있어하지
   4. 슬프겠지만, 슬퍼하지 5. 좋은, 미워하세요. 6. 좋은데, 싫어해요.

⑤ 1. 사람이 너무 많아요. (너무 복잡해요.)
   2. 점수가 좋아요. (시험을 잘 봤어요.)
   3. 시간이 없어서 하지 못해요.
   4. 한국말을 2개월 배웠는데 (외국 사람인데)
   5. 배가 고프지 않았는데 (별로 먹고 싶지 않았는데)
   6. 배웠는데
   7. 사랑하지 않는데 (결혼하고 싶지 않았는데)

⑥ 1. 배가 아픈데 2. 배가 고픈데 3. 배가 부른데
   4. 비가 오는데 5. 날씨가 좋은데 6. 추운데
   7. 어제 봤는데 8. 내일 볼 계획인데 9. 지금 보는데

해답 ▶

제 15 과

①
1. 어제 회의 때 이야기했어요.
2. 다음 휴가 때 올 예정입니다.
3. 방학 때마다 배낭여행을 갑니다.
4. 점심 때 먹으려고 샀어요.
5. 아니요, 다섯 살 때부터 살았어요. (아니요, 다섯 살 때 이사를 왔어요.)
6. 작년 크리스마스 때 갔어요.
7. 대학교 때 배웠어요.

②
1. 치마가 바지보다 더 예뻐요.
2. 남대문 시장보다 동대문 시장이 더 싸요.
3. 축구가 야구보다 더 재미있어요.
4. 평일보다 주말이 더 바빠요.
5. 자유여행이 패키지여행보다 더 돈이 많이 들어요.
6. 집에서 먹는 것이 밖에서 먹는 것보다 더 맛있어요.
7. 기차로 가는 것보다 버스로 가는 것이 더 힘들어요.
8. 하숙에서 사는 것이 원룸에서 사는 것보다 더 불편해요.

③
1. 운동을 잘할 것 같습니다.
2. 옷이 좀 클 것 같습니다.
3. 비쌀 것 같습니다.
4. 맛이 있을 것 같습니다.
5. 비가 올 것 같습니다.

④
1. 손님들이 싫어할 것 같아서 조금만 넣었어요.
2. 사람이 많을 것 같아서 안 갔어요.
3. 집에 안 계실 것 같아서 안 갔어요.
4. 시험이 쉬울 것 같아서 시험 공부를 안 했어요.
5. 해물탕이 맛있을 것 같은데 시킬까요?
6. 어제 텔레비전에서 광고한 영화가 재미있을 것 같은데 보러 갈까요?

복습 (제 11 과 - 제 15 과)

①
1. 모두   2. 같이   3. 아직   4. 일찍   5. 벌써
6. 잘   7. 별로   8. 아주, 참   9. 보통, 자주   10. 먼저, 후에, 이따가

②
1. 방학이니까 → 방학인데
2. 중에서 → 에서
3. 싫은데 → 싫어서
4. 영화가 → 영화를 (또는) 싫어해요 → 싫어요
5. 두 개에서 → 두 개 중에서
6. 음식을 → 음식이 (또는) 좋아요 → 좋아해요
7. 싫어요 → 싫어해요
8. 선배있는데 → 선배인데

③
1. 과일 중에서 키위가 비타민 C가 제일 많아요.
   감이 사과보다 비타민 C가 더 많아요.
2. 한국에서 한라산이 제일 높아요. (한국에서 제일 높은 산이 한라산이에요.)
   지리산이 설악산보다 더 높아요.
3. 음식 중에서 자장면이 칼로리가 제일 높아요.
   햄버거가 비빔밥보다 칼로리가 더 높아요.

④
1. 일본에서 왔습니다.
2. 한국말을 잘하시네요.
3. 어려워요.
4. 야마다 씨는 뭘 하세요?
5. 같이 가시겠어요?
6. 사람이 많네요.
7. 올라갑시다.
8. 언제 점심을 먹을까요?
9. 두부를 먹으러 갈까요?

제 16 과

①

	-습니다	-아/어/여요	-았/었/였어요	-(으)ㄴ	-(으)니까	-아/어/여서
파랗다	파랗습니다	파래요	파랬어요	파란	파라니까	파래서
빨갛다	빨갛습니다	빨개요	빨갰어요	빨간	빨가니까	빨개서
까맣다	까맣습니다	까매요	까맸어요	까만	까마니까	까매서
노랗다	노랗습니다	노래요	노랬어요	노란	노라니까	노래서
그렇다	그렇습니다	그래요	그랬어요	그런	그러니까	그래서
*많다	많습니다	많아요	많았어요	많은	많으니까	많아서
*좋다	좋습니다	좋아요	좋았어요	좋은	좋으니까	좋아서

해답 ▶

② 1. 빨갛군요, 빨개서 2. 파란, 까매요.
   3. 하얘서 4. 까만, 까만, 까만, 까만, 이런(그런)
   5. 노래지고, 노란, 노래져요. 6. 하얘요, 하얗고, 하얀, 하얘서

③ 1. 건강해져요 2. 예뻐졌어요 3. 친해질 4. 날씬해지지 않았죠?
   5. 길어져요 6. 추워졌네요 7. 싫어졌어요

④ 1. 나무가 많았는데 적어졌습니다. 2. 어두워졌습니다.
   3. 집의 문이 컸는데 작아졌습니다. 4. 테이블이 작았는데 커졌습니다.
   5. 의자가 있었는데 없어졌습니다. 6. 오른쪽 여자의 머리가 까매졌습니다.
   7. 책이 얇았는데 두꺼워졌습니다.

제 17 과

① 1. 1년 동안 살았어요.
   2. 오랫동안 했어요.
   3. 3일 동안 안 먹었어요.
   4. 한국에서 사는 동안 제주도에 가 보고 싶어요.
   5. 같이 지내는 동안 많이 친해졌어요.
   6. 음식을 기다리는 동안 친구와 얘기해요.
   7. 아기가 자는 동안 슈퍼에 가요.
   8. 어머니가 설거지하는 동안 했어요.

② 1. 집에 있을 거예요.
   2. 한 시간쯤 더 쓸 거예요.
   3. 연말까지 한국에 있을 거예요.
   4. 네, 가지고 올 거예요. (아니요, 안 가지고 올 거예요., 가지고 오지 않을 거예요.)
   5. 네, 음악을 들을 거예요. (아니요, 안 들을 거예요., 듣지 않을 거예요.)
   6. 아니요, 안 매고 갈 거예요. (매고 가지 않을 거예요.)

③ 1. 6개월이 되면 이가 나기 시작합니다.
   2. 두 살이 되면 단어를 한두 개 말하기 시작합니다.
   3. 세 살이 되면 혼자 음식을 먹기 시작합니다.
   4. 몇 살이 되면 이성에 관심을 갖기 시작합니까?

④ 1. 1년 전부터 한국말을 배우기 시작했습니다.
   2. 3월이 되면 꽃이 피기 시작합니다.
   3. 10월쯤 단풍이 들기 시작합니다.
   4. 11시 반부터 손님들이 오기 시작합니다.

제 18 과

① 1. 와 주세요.   2. 나가 주세요.   3. 내 주세요.   4. 들어 주세요.
   5. 말해 주세요.   6. 써 주세요.

② 1. 가 드릴까요?   2. 가르쳐 드릴까요?   3. 넣어 드릴까요?
   4. 받아 드릴까요?   5. 소개해 드릴까요?   6. 도와 드릴까요?

③ 1. 가르쳐 주세요.   2. 그려 드릴까요?   3. 써 주세요.   4. 빌려 주어서
   5. 빌려 드릴까요?   6. 빌려 주세요.   7. 도와 주셔서   8. 전해 주세요.

제 19 과

① 1. 이것 좀 싸 주시겠어요?   2. 문 좀 열어 주시겠어요?
   3. 에어컨 좀 꺼 주시겠어요?   4. 지폐를 동전으로 바꿔 주시겠어요?
   5. 저와 결혼해 주시겠어요?

② 1. 읽어 와야 합니까?   2. 찾아 올까요?   3. 생각해 오세요.
   4. 빌려 갔습니다.   5. 싸 갈 거예요., 만들어 갈 거예요.   6. 준비해 오세요.

해답 ▶

③ 1. 도서관에서 소설을 빌려 왔어요. 2. 고향에 갈 때 김치를 사 갈 거예요.
3. 바꿔 왔어요. 4. 써 오지 않았어요. (안 써 왔어요.)
5. 가져오지 마세요.

제20과

① 1. 지금 삼만 원밖에 없어요. 2. 집에서 학교까지 3분밖에 안 걸려요.
3. 어제 네 시간밖에 못 잤습니다. 4. 아침에는 조금밖에 먹지 않아요.
5. 카드를 두 장밖에 못 받았어요.

② 1. 지금 안 계신데요. 2. 내일은 안 되는데요.
3. 합격하지 못할 것 같은데요. 4. 좋아할 것 같지 않은데요.
5. 가고 싶지 않은데요. 6. 못해 왔는데요.

복습 (제16과 – 제20과)

① 1. 이 됩니다. 2. 이 되면 3. 할 거예요. 4. 다니는 동안 5. 놀았으니까요.
6. 동안 7. 옷이니까요. 8. 이 되고 9. 이 되면 10. 보니까요.
11. 있으니까요. 12. 이 되면 13. 이 될 거예요. 14. 있으니까요.

② 1. 벌써 2. 별로 3. 아직, 이따가 4. 미리 5. 곧 6. 특별히 7. 늦게

③ 1. 다니기 → 다니는 2. 배우는 → 배우기 3. 사고 → 사
4. 있어요? → 없어요? 5. 입어 → 입고 6. 빨갛은 → 빨간
7. 살기 → 사는 8. 드리신 → 주신

④ 1. 도와 주셨어요. 2. 가르쳐 주시고 3. 해 주셨어요. 4. 안내해 주시고
5. 사 주셨어요. 6. 도와 드리고 7. 소개해 드릴 8. 안내해 드리려고

제 21 과

① 1. 이 테이블을 책상으로 써요.   2. 비행기 표를 상품으로 받았어요.
3. 이 옷을 잠옷으로 입어요.   4. 인형을 생일 선물로 주었어요.
5. 김 선생님은 지난번 회사에서 제 상사로 계셨어요.

② 1. 에서, 으로, 을   2. 이, 로   3. 는, 로는, 으로는
4. 에서, 으로, 에서는, 으로   5. 으로, 를

③ 1. 이 음식을 다 먹을 수 있을까요?
2. 4급 교과서를 배울 수 있을까요? (4급 교과서가 어렵지 않을까요?)
3. 이 옷이 아이한테 작지 않을까요? (이 옷이 아이한테 맞을까요?)
4. 대학에 합격할 수 있을까요?
5. 선물이 뭘까요? (이 안에 뭐가 있을까요?)

④ 1. 외국 친구를 안내하려고 하는데 어디가 좋을까요?
2. 너무 맵지 않을까요?   3. 10시까지 도착할 수 있을까요? (도착할까요?)
4. 내일 날씨가 어떨까요?   5. 병원에 안 가도 괜찮을까요?
6. 이 물건이 얼마쯤 할까요?

⑤ 1. 지하철역에서 담배를 피워도 됩니까?
2. 미술관에서 사진을 찍어도 됩니까?
3. 맥주를 마셔도 됩니까?
4. 나이를 물어봐도 됩니까?
5. 밤에 라디오를 들어도 됩니까?
6. 여기 앉아도 됩니까?
7. 이 전화 좀 써도 됩니까?

해답 ▶

제 22 과

①

	~아/어요	~아/어서	~았/었어요
고르다	골라요	골라서	골랐어요
다르다	달라요	달라서	달랐어요
모르다	몰라요	몰라서	몰랐어요
부르다	불러요	불러서	불렀어요
빠르다	빨라요	빨라서	빨랐어요
자르다	잘라요	잘라서	잘랐어요

②
1. 몰랐어요.
2. 너무 빨라서 부를 수 없어요.
3. 머리를 잘랐어요.
4. 한국과 일본의 결혼식이 많이 달라요.
5. 친구가 골랐어요.
6. 노래방에서 한국 노래를 불렀어요.

③
1. 한 책상에 두 명씩   2. 3초에 한 개씩   3. 하루에 3시간씩
4. 일주일에 100자씩   5. 하루에 천 원씩

④
1. 900원짜리 우표, 250원짜리 우표
2. 50000원짜리 상품권, 100000원짜리 상품권
3. 1000원에 두 개짜리 귤, 1000원에 세 개짜리 귤
4. 3층짜리 빌딩, 5층짜리 빌딩
5. 500ml짜리 우유, 1000ml짜리 우유

제 23 과

①
1. 제 고향이 섬이라서 배를 타고 갑니다.
2. 자주 하는 거라서 어렵지 않아요.

3. 휴가철이라서 놀러 가는 사람이 많아요.
4. 학교가 지하철역 근처라서 많이 걷지 않아요.
5. 제 카메라가 아니라서 빌려드릴 수 없는데요.
6. 자주 가는 곳이 아니라서 혼자 못 가요.
7. 매운 음식이 아니라서 좋았어요.

② 1. 본 적이 있는 것 같아요.
2. 한국이 더 비싼 것 같아요.
3. 제 우산이 아닌 것 같아요.
4. 둘이 사귀는 것 같아요.
5. 서랍에 넣은 것 같은데.
6. 아직 퇴근 안 하신 것 같아요.
7. 안 하는 것 같아요. (문을 열지 않은 것 같아요.)

③ 1. 나: 한국에서 몇 년이나 살았는데요?   가: 한 3년쯤 살았어요.
2. 나: 불고기를 몇 인분이나 먹었는데요?   가: 한 3인분쯤 먹었어요.
3. 나: 몇 번이나 만났는데요?   가: 3번 만났어요.
4. 나: 얼마나 썼는데요?   가: 한 백만 원쯤 썼어요.

제 24 과

① 1. 쉴 생각입니다.   2. 다닐 생각이세요?
3. 열 생각이에요.   4. 부탁하지 않을 생각입니다.

② 1. 나: 무슨 차를 살 생각이에요?   가: 레저용 자동차를 살 생각이에요.
2. 나: 어디로 갈 생각이에요?   가: 교통이 편리한 곳으로 갈 생각이에요.
3. 나: 무엇을 할 생각이에요?
   가: 좀 쉴 생각이에요.
4. 나: 어떻게 할 생각이에요?   가: 안 갈 생각이에요.

③ 1. 방에 들어가니까 이상한 냄새가 났어요.

해답 ▶

  2. 혼자 한번 만들어 보니까 방법을 알겠어요.
  3. 버스에서 내리니까 모르는 곳이었어요.
  4. 제가 그 이야기를 하니까 사람들이 다 웃었어요.
  5. 어제 집에 들어가니까 11시였어요.
  6. 먹어 보니까 맛이 있네요.
  7. 밖에 나가니까 비가 오고 있었어요.

④ 1. 나: 운전해 보니까 어때요?
     가: 운전해 보니까 재미있어요.
  2. 나: 영어를 가르쳐 보니까 어때요?
     가: 가르쳐 보니까 재미있어요.
  3. 나: 밥하고 청소해 보니까 어때요?
     가: 해 보니까 정말 힘들어요.
  4. 나: 결혼하니까 어때요?
     가: 결혼하니까 좋아요.
  5. 나: 컴퓨터로 글을 쓰니까 어때요?
     가: 컴퓨터로 하니까 편해요.
  6. 나: 만나 보니까 어때요?
     가: 만나 보니까 좋은 사람인 것 같아요.

제 25 과

① 1. 나: 얼마 만에 간 거예요?
     가: 한 5년 만에 간 것 같아요.
  2. 나: 얼마 만에 만나는 거예요?
     가: 1년 만에 만나는 거예요.
  3. 나: 얼마 만에 연락이 왔어요?
     가: 5년 만에 연락이 왔어요.
  4. 나: 몇 학기 만에 다시 다니는 거예요?
     가: 1년 만에 다시 다니는 거예요.

5. 나: 얼마 만에 밥을 먹었어요?
   가: 일주일 만에 밥을 먹었어요.

② 1. 대구가 서울보다 많이 더울 거예요.
2. 열심히 하면 합격할 수 있을 거예요.
3. 가져도 될 거예요.
4. 월요일에는 문을 안 열 거예요.
5. 지금쯤 도착했을 거예요. (아직 도착하지 않았을 거예요.)
6. 아직 퇴원하지 않았을 거예요.

③ 1. 양이 좀 많았으면 좋겠어요.   2. 방이 넓었으면 좋겠어요.
3. 방학을 일찍 했으면 좋겠어요.   4. 카드를 쓸 수 있었으면 좋겠어요.
5. 시험을 안 봤으면 좋겠어요.

④ (자유 작문)

⑤ 1. 음식을 먹으면 안 됩니다.   2. 술을 가지고 들어가면 안 됩니다.
3. 손대면 안 됩니다.   4. 개를 데리고 가면 안 됩니다.
5. 뛰면 안 됩니다.

⑥ 1. 아니요, 이 영화를 보면 안 됩니다.
2. 아니요, 공연이 시작한 후에 들어가면 안 됩니다.
3. 아니요, 이름을 한글로 쓰면 안 됩니다.
4. 아니요, 여기서 음식을 먹으면 안 됩니다.
5. 아니요, 병원에 입원하지 않으면 안 됩니다.
6. 아니요, 숙제 안 하면 안 됩니다.

복습(제21과 - 제25과)

1 1. 에   2. 로   3. 부터   4. 이나   5. 이

해답 ▶

② 1. 한 개씩 → 한 개에   2. 켜면 → 켜니까
   3. 25,000원으로 → 25,000원에   4. 하루마다 → 하루에
   5. 만에 → 동안   6. 보아도 → 보면

③ 1. 세일 기간이라서 사람이 많아요.
   2. 친구들과 스키장에 갈 생각입니다.
   3. 네, 돈을 내지 않아도 됩니다.
   4. 아니요, 밤늦게 전화하면 안 됩니다.
   5. 맛있는 거 먹으러 갔으면 좋겠어요.

④ 1. 사장님 기분이 좋은 것 같아요.   2. 점수가 별로 안 좋을 것 같아요.
   3. 좀 늦게 끝날 것 같아요.   4. 죽은 것 같아요.
   5. 수업을 하고 있는 것 같아요. (수업이 끝난 것 같아요.)

제 26 과

① 1. 앞에서 네 번째, 왼쪽에서 네 번째 자리입니다.
   2. 앞에서 세 번째, 오른쪽에서 네 번째 자리입니다.
   3. 앞에서 두 번째, 오른쪽에서 두 번째 자리입니다.

② 1. 한국에 세 번째 왔어요.
   2. 이번 생일이 몇 번째 생일이에요?
   3. 그 사람이 몇 번째 남자 친구예요?
   4. 세 번째 만났을 때 프러포즈 했어요.
   5. 두 번째 읽는 거예요.

③ 1. 외국에서 몸이 아플 때 가족들 생각이 나요.
   2. 어릴 때 시골에서 살았어요.
   3. 밥을 먹고 싶지 않을 때 국수를 먹어요.
   4. 다른 사람이 이야기할 때 잘 들으세요.

5. 지난번에 이 선생님이 오지 않았을 때 최 선생님이 가르쳤습니다.

④
1. 7년 전 멕시코에서 살 때 샀어요.
2. 현금이 부족할 때 사용합니다. (비싼 걸 살 때 사용합니다.)
3. 한국에 왔을 때 부산에 갔어요.
4. 집에 혼자 있을 때 책을 읽거나 텔레비전을 봐요.
5. 열이 날 때 먹는 약이에요.
6. 모르는 단어가 있을 때 찾아봅니다.

제 27 과

①
1. 약을 먹어도 감기가 낫지 않아요.
2. 이름을 불러도 대답하지 않아요.
3. 지금부터 준비해도 늦지 않을 것 같아요.
4. 맛이 없어도 먹어야 합니다.
5. 내일 날씨가 나빠도 소풍을 갈 거예요?

②
1. 술을 많이 마셔도 얼굴이 빨개지지 않아요.
2. 연락이 와도 안 만날 거예요.
3. 수술해도 고칠 수 있는 병이 아니에요.
4. 택시를 타도 9시까지 도착할 수 없을 거예요.
5. 설명을 들어도 잘 모르겠어요.

③
1. 저만 한국에 왔어요.   2. 한 숟가락만 넣어 주세요.
3. 하루에 한 번만 드세요.   4. 2인분만 시킵시다.
5. 저만 알고 있어요. (○○ 씨한테만 말했어요.)
6. 학원에서만 한국말을 써요.   7. 책 볼 때만 안경을 써요.

제 28 과

① 1. 식사 준비하는 데 15분 걸립니다.
2. 아침밥 먹는 데 15분 걸립니다.
3. 화장하고 옷 입는 데 30분 걸립니다.
4. 집에서 출발해서 회사까지 오는 데 40분 걸립니다.

② 1. 드레스 빌리는 데 백오십만 원 들었습니다.
2. 한복 맞추는 데 칠십오만 원 들었습니다.
3. 화장하고 머리하는 데 삼십만 원 들었습니다.
4. 신혼여행 가는 데 오백만 원 들었습니다.

③ 1. 두부와 된장은 무엇으로 만듭니까?
   콩으로 두부와 된장을 만듭니다.
2. 소시지와 돈가스는 무엇으로 만듭니까?
   돼지고기로 소시지와 돈가스를 만듭니다.
3. 막걸리와 동동주는 무엇으로 만듭니까?
   쌀로 막걸리와 동동주를 만듭니다.
4. 배추김치와 깍두기는 무엇으로 만듭니까?
   배추와 무로 배추김치와 깍두기를 만듭니다.
5. 이 책상과 의자는 무엇으로 만들었습니까?
   나무로 책상과 의자를 만들었습니다.

④ 1. 한 시간이나   2. 두 공기나   3. 몇 번이나   4. 세 번이나   5. 다섯 벌이나

⑤ 1. 나: 이십오만 원 줬어요.   가: 이십오만 원이나 줬어요?
2. 나: 삼십만 원쯤 들어요.   가: 삼십만 원밖에 안 들었어요?
3. 나: 4시간 걸렸어요.   가: 4시간이나 걸렸어요?
4. 나: 세 페이지 읽었어요.   가: 세 페이지밖에 못 읽었어요?

제 29 과

① 1. 오늘 학교에 늦게 왔어요.
2. 교실에서 발표할 때 크게 말합니다.
3. 아이가 예쁘게 생겼네요.
4. 벽을 하얗게 칠했어요.
5. 아이들한테 주려고 맵지 않게 만들었어요.

② 1. 짧게 잘라 주세요.   2. 옷을 멋있게 입어요.
3. 재미있게 놀았어요.   4. 싸게 팔았네요.
5. 달지 않게 먹어요.

③ 1. 걱정하지 마세요.   2. 많이 드세요.   3. 기다리세요.
4. 오늘 교통이 복잡할 테니까
5. 지금쯤 집에 도착했을 테니까 (집에 있을 테니까)

④ 1. 방은 내가 할 테니까 거실만 하세요.
2. 많이 안 마실 테니까
3. 내가 도와줄 테니까 자요.
4. 별로 춥지 않을 테니까 가져가지 마세요.
5. 버스가 없을 테니까 택시를 타세요.
6. 외출하셨을 테니까 나중에 가세요.

제 30 과

① 1. 이 옷은 여자 친구가 사 준 거예요.
2. 이 사진은 대학교 졸업여행 때 찍은 거예요.
3. 그 영화는 누가 나오는 거예요?
4. 이 과자는 제 동생이 좋아하는 거예요.
5. 이 상자 안에 있는 물건들은 다 버릴 것들이에요.
6. 이 과자는 오후에 간식으로 먹을 거예요.

② 1. 선물로 받은 거예요.　　2. 오늘 저녁 파티 때 쓸 거예요.
　 3. 길에서 파는 거예요. (길에서 산 거예요.)
　 4. 저한테 온 거예요.

③ 1. 담배를 끊은 지 2년 됐습니다.　　2. 이사한 지 3년 됐습니다.
　 3. 자동차를 산 지 4년 됐습니다.　　4. 결혼한 지 5년 됐습니다.
　 5. 아내를 처음 만난 지 6년 됐습니다.　6. 입사한 지 7년 됐습니다.
　 7. 대학을 졸업한 지 9년 됐습니다.

복습 (제26과 - 제30과)

① 1. 동안　2. 졸업한 지　3. 전에　4. 만에　5. 번째

② 1. 않는 → 않은　2. 잘하게 → 잘　3. 왔는지 → 온 지
　 4. 읽었을 때 → 읽을 때　5. 걸려요 → 들어요　6. 세 번도 → 세 번이나

③ 1. 으로　2. 에　3. 는　4. 에　5. 하고　6. 는　7. 한테　8. 로　9. 이
　 10. 나　11. 로　12. 을　13. 나　14. 만　15. 가(도, 로)　16. 로

④ 1. 그 친구를 만난 지 1년이 되었습니다.
　 2. 한국에 올 때 비행기로 왔습니다.
　 3. 이 일은 제가 할 테니까 앉아서 쉬세요.
　 4. 바빠도 꼭 참석해야 합니다.
　 5. 여기에서 공항까지 가는 데 시간이 얼마나 걸립니까?